Reisen, leben und lieben auf Kreta.

Glück und Glas!

Oder: Vom Zauber des Augenblicks.

Teil 4

von

Elisabeth Katz

Verlag Olga Behrends

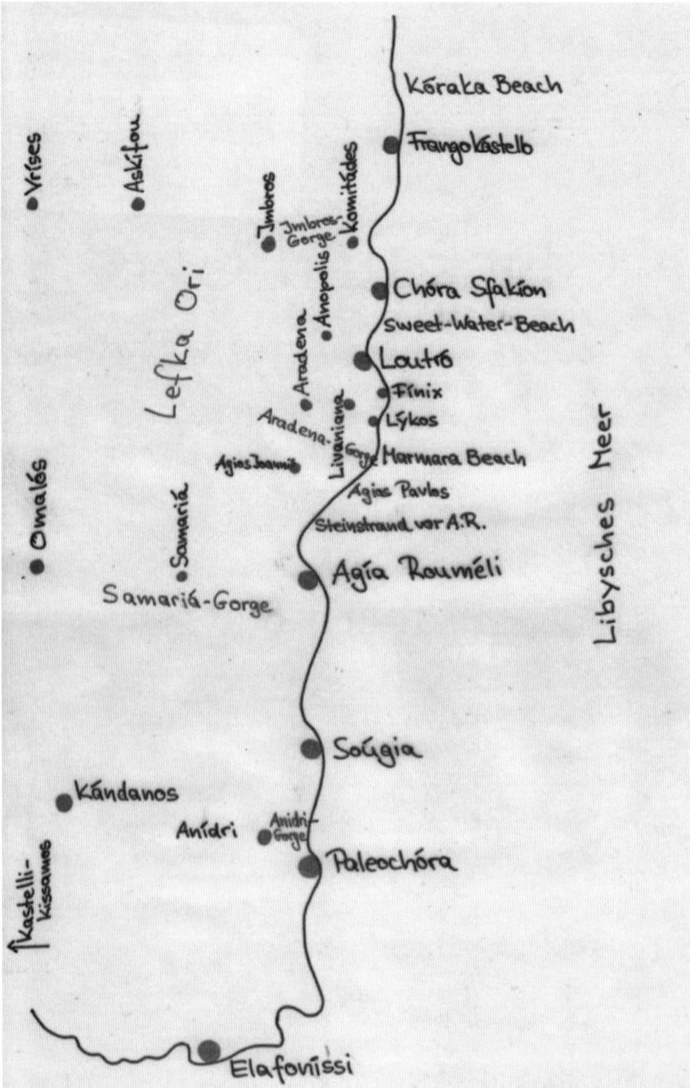

Kóraka Beach
Frangokástelo
Vríses
Askífou
Komitádes
Jmbros
Jmbros-Gorge
Anopolis
Lefka Ori
Chóra Sfakíon
Sweet-Water-Beach
Aradena
Loutró
Fínix
Livaniana
Lýkos
Aradena-Gorge
Marmara Beach
Agios Joannis
Ágios Pavlos
Omalós
Samariá
Steinstrand vor A.R.
Agía Rouméli
Samariá-Gorge
Libysches Meer
Soúgia
Kándanos
Anídri
Anídri-Gorge
Paleochóra
Kastelli-Kissamos
Elafoníssi

Kreta-Karte Süd-West, Chóra Sfakíon und umzu.

*

*

*

*

*

*

7. Oktober 2020
Taschenbuchausgabe
Verlag Olga Behrends

Titelfoto: Elisabeth Katz
Karten: Katharina Behrends
Fotos im Innern: Elisabeth Katz
Zeichungen im Innern: Amelie Zacher
Umschlaggestaltung: Elisabeth Katz
Satz: Print Media, Wiesmoor
Druck und Bindung: CPI - Clausen & Bosse, Leck
Printed in Germany

*

ISBN 978-3-00-066894-4

Leben

im

Jetzt

Kreta-Liebende

Ich lebe und arbeite in Ostfriesland
in meinem Haus mit Laden, Garten und allem.
Seit Herbst 2011 verbringe ich zwei Monate im Jahr
auf Kreta. Als ich 1989 das erste Mal einen Fuß auf kreti-
schen Boden setzte, füllte sich meine Lunge wie automatisch
bis in die Spitzen. Gleichzeitig dachte es in mir: „Zu Hause!"
Gefühle und Gedanken, die ich bis dato so nicht kannte.
Wo komme ich her? Wer bin ich? Wo gehöre ich hin?
Bin ich nun eine kretische Ostfriesin oder eine
ostfriesische Kreterin? Ich bin ein nord-
deutsches Kind, durch und durch,
zumindest denken das alle,
aber innen drin muss da
etwas anderes sein.
Griechenland?
Kreta!

*

Um in den vollen Genuss meiner Kreta-Gefühle zu kommen, empfehle ich das Lesen der Bücher in der Reihenfolge ihres Erscheinens:

Teil 1
Warrum nicht!
Oder: Als mein Leben wieder schön wurde.

Teil 2
Leidenschaften!
Oder: Alles, was ich brauche.

Teil 3
Verwachsen!
Oder: Da, wo ich zu Hause bin.

Teil 4
Glück und Glas!
Oder: Vom Zauber des Augenblicks.

Teil 5
Dreimal zwei Wochen!
Oder: Von Athen über Paros, Naxos
und Santorin nach Kreta.

Teil 6
1, 2, 3 mit allen Sinnen!
Oder: Auf neuen Wegen durch Berg und Tal,
der Sonne entgegen hinunter ans Meer.

Teil 7
Ein unerwartetes Geschenk!
Oder: Da ist mir doch mal wieder ein Buch passiert.

Liebe Leserin, lieber Leser,

hier ist er nun, der vierte Band meiner Kreta-Reise-Erzählungen. Glück und Glas! Oder: Vom Zauber des Augenblicks.

Seit meiner Kinder- und Jugendzeit klingt mir der Satz „Glück und Glaaas, wie leicht bricht daaas!" mit diesem zweimal dreifach langgezogenen A in den Ohren. Genieße das Gute und Schöne und rechne gleichzeitig mit dem Gegenteil, ohne das Gutgefühl, die Freude am empfundenen Glück zu schmälern, zu mindern, gar in Zweifel zu ziehen.

Glück ist G l ü c k und in vollen Zügen zu genießen!

„Glück und Glas! Oder: Vom Zauber des Augenblicks." trägt alles in sich. Die Freude über empfundenes Glück, den Genuss am Zauber besonderer Momente, das Darauf-bedacht-Sein, jederzeit auf alles gefasst zu sein, mit allem zu rechnen, gewappnet für eine zügige Kehrtwende zurück zum Guten. Alles ist gleichzeitig. Alles ist in stetigem Wandel. Alles befindet sich in sich ständig ablösender Reihenfolge.

Genießen wir das Gute, wie es ihm gebührt. Tragen wir Rückschläge mit Fassung, ungewollte Veränderungen erstaunt, aber nicht ohne Hoffnung, und richten wir, wenn sie, die Hoffnung, das Hoffnungsvolle gänzlich unrealistisch, das Gewollte unwiederbringlich verloren scheint, neugierig unseren Blick nach vorne.

In diesem Sinne
gute Gedanken und ein schönes Leben

Elisabeth Katz

ΠΟΣΕΙΔΩΝ 550

1.

Dinge ändern sich. So ist das im Leben. Es heißt ja auch Leben wie lebendig und nicht still wie Stillstand. Wissen wir, weiß ich, und dennoch hätte ich es mir für die nächste und übernächste Zeit an mancher Stelle ein wenig anders gewünscht. Etwas gleichbleibender, kontinuierlicher, beständiger, in Form eines lebendigen Stillstandes, mit kleinen Veränderungen und Weiterentwicklungen nach meinen Wünschen und Vorstellungen.

Ich hatte Micháli in aller Früh für seinen Rückflug nach Kreta über schneebedeckte Straßen nach Bremen zum Flughafen gefahren. Hatte mit ihm einen letzten wohlwollenden, sehnsuchtsvollen Blick mit angehängtem Luftkuss getauscht und war gemächlich, mich innerlich von ihm und unserer gemeinsamen Zeit verabschiedend, zurück nach Hause gefahren. Schön war's gewesen, interessant, liebend, friedlich, witzig, gesellig und aufschlussreich. Und auch, wenn mir auf dieser Heimfahrt ein paar Tränchen über die Wangen kullerten, war ich in Gänze, alles in allem, mehr froh als traurig.

Was kommen würde, würde kommen.
Was zu Ende wäre, würde zu Ende sein.
Was weitergehen sollte, würde weitergehen.

Ich hatte nicht vor, die Komfortzone vom Leben im Hier und Jetzt erneut zu verlassen. Wollte mich nicht wieder nach Vergangenem verzehren oder mich von für die Zukunft Ersehntem vom Gegenwärtigen ablenken lassen. Mein Leben war hier, heute und jetzt!

Ich genoss es, in meinem Reich wieder für mich zu sein, genau wie ich es genossen hatte, mit meinem Lieblingsgriechen für ein paar Wochen ohne Unterbrechung in meinem ostfriesischen Zuhause zu verbringen. Es war gut gewesen, uns in einem anderen Umfeld zu erleben, weitere Facetten aneinander zu bemerken und zu wissen, dass wir es auch über einen längeren Zeitraum gut miteinander aushalten konnten. Wir hatten uns nehmen können, wie wir sind, ohne uns gegenseitig erziehen oder verändern zu wollen.

Ich bemerkte ein wiederkehrendes In-mich-Hineinlächeln, verbunden mit einem Gefühl wohliger Zufriedenheit. Ja, so durfte es sein - mein Leben, so durfte es bleiben, so würde ich es auf Dauer wunderbar genießen können. Ich erlaubte meinem Kopf, ausmalend tätig zu sein. Erlaubte mir Visionen zu haben, die Micháli und mich als etwas Beständiges annehmen durften, dauerhaft verbunden, ohne uns besitzen, bestimmen oder bevormunden zu wollen. Ohne den Anspruch auf Alleinstellungsmerkmale, auf Rechenschaft und das gegenseitige Ausbreiten unseres Denkens und Handelns. Ohne uns verpflichtet zu sein, wenn wir nicht zur gleichen Zeit am selben Ort weilten.

Uns verbunden zu fühlen, ohne unsere bisherigen Leben und Lebensräume aufgeben zu müssen, fand ich ausgesprochen passend.

Ich liebe mein selbstbestimmtes Dasein, stehe gerne auf eigenen Beinen, bin mit meinem Tagewerk ausgefüllt, mit meinen Ladenkontakten zwischenmenschlich gut versorgt und durch meine abendlichen Schreibarbeiten kreativ erfüllt.

Micháli brauchte mich in seinem kretischen Taxibootfahrerleben ebenso wenig, wie ich ihn in meinem ostfriesischen Ladenleben brauchte, und dennoch empfand ich es als ungemein bereichernd, uns in unseren Gedanken und Herzen zu wissen. Dass er sein Fraueneroberungsbedürfnis dabei in den Sommermonaten wahrscheinlich weiterhin gnadenlos ausleben würde, wollte mich dabei kaum stören.

„Maybe I'll come back to Germany next winter - vielleicht komme ich nächsten Winter wieder nach Deutschland", hatte er zum Abschied gesagt, worauf ich mit
„If we like us like now you are welcome - wenn wir uns mögen wie jetzt, bist du willkommen", geantwortet hatte.

Hatten meine Gedanken einen Menschen zum Träumen, mein Herz ein erreichbares Ziel, meine Gefühle eine Richtung, lebte es sich für mich immer schon einen Tick beschwingter als ohne, zumindest solange dieser Mensch im Bereich der Möglichkeiten lag, der Realität nicht völlig entrückt. Da fließen meine Energien besser, da fällt alles leichter, da hat jeder Tag einen Hauch von Sonntag. Das funktionierte über einen gewissen Zeitraum auch ohne die Gewissheit erwiesener oder bestätigter Gegenliebe. Immer so lange, bis ich ohne Wenn und Aber erkennen konnte, wollte oder auch musste, dass auf der anderen Seite einfach keine entsprechenden Gefühle vorhanden waren.

Keine vier Wochen nach seiner Rückkehr nach Kreta, nach Chóra Sfakíon, stand Micháli erneut am Flughafen von Chaniá, für einen Flug gen Bremen, um sich ein weiteres Mal auf den Weg nach Ostfriesland zu machen. Und auch, wenn nicht wir, er und ich, der Grund für seinen zweiten Flug nach Deutschland waren, freuten wir uns doch unbändig auf zehn weitere Tage harmonischen Beisammenseins.

Meine Bruderfamilie hatte sich zwischenzeitlich entschlossen, ihr unter Dauerregen stehendes Segelboot von der ostfriesischen Nordseeküste nach Kreta umzusiedeln, und so fragten sie mich, ob Micháli es wohl ernst gemeint haben könne, das Boot gemeinsam mit meinem Bruder über Land und per Fähre nach Kreta zu überführen. Dreitausend Kilometer in vier Tagen, mit einem neun Meter langen Segelboot im Schlepptau, sind zu zweit einfach besser händelbar.

Nachdem Micháli zugesagt hatte, buchte mein Bruder Michális Flug und die Tickets für die Fährverbindungen von Ancona nach Patras und von Piräus nach Chaniá. Seit Anfang des Jahres flog Ryanair ohne Zwischenstopp zu günstigen Preisen von Bremen nach Chaniá und zurück. Zwischen Michális Flug und der gebuchten Ancona-Fähre lagen 14 Tage, die uns abzüglich der Bootsüberführung zehn Tage unerwarteten Beisammenseins versprachen.

Ich hatte Micháli gebeten, mich direkt vor dem Abflug noch einmal anzurufen, um zu wissen, dass der Flieger auch fliege und dass er, Micháli, auch an Bord sein würde.

„I come for sure!", beteuerte er.
„I know, but do it for me, please!"
„After I call you, you drive by car to Bremen?"
„I'll do it, Micháli. That's the way!"

„Ich komme mit Sicherheit!", beteuerte er.
„Ich weiß, aber bitte tu es für mich!"
„Nachdem ich dich angerufen habe,
fährst du mit dem Auto nach Bremen?"
„Das mach ich, Micháli, so soll es sein!"

Sein Flug würde am folgenden Samstag gegen elf starten. Zeit für mich, mein Heim in Ordnung zu bringen, die Betten neu zu beziehen, den Kühlschrank füllen zu lassen und Anne und Burhan für ein erneutes türkisch-deutsch-griechisches Abendkochen zu begeistern.

„Scampis mit mal sehen?",
fragten sie mich, und ich antwortete:
„Ja, Scampis mit mal sehen!"

Die Vorfreude stieg. Ab dem frühen Samstagnachmittag hatte ich meine Ladenfee zum Ladendienst gebeten. Ab halb elf mit Michális Anruf gerechnet. Bis halb zwölf war kein Telefonläuten auszumachen gewesen. Ab hier fragte ich mich, ob er den Anruf vergessen habe, ob der Abflug verschoben oder ausgefallen sei oder was sonst noch hatte passiert sein können.

Ich neige nicht zu vorheriger Sorge, warte eher ab und entscheide im Fall der Fälle, was zu tun ist, ob ich etwas ausrichten kann, ob durch mein Zutun aus nicht Gewolltem, nicht Erwartetem oder Schlechtem vielleicht noch Gutes erwachsen kann.

Als Michàli anrief, war es kurz nach halb zwölf:

„I lost my flight!"
„You lost your flight?"
„Yes, I lost my flight!"

„Ich habe meinen Flug verpasst!"
„Du hast deinen Flug verpasst?"
„Ja, ich habe meinen Flug verpasst!"

Er sei rechtzeitig am Flughafen gewesen, habe eingecheckt und vor dem Betreten des Gates vor dem Flughafengebäude noch eine letzte Zigarette geraucht. Bei seiner Rückkehr wäre der Eingang zum Gate verschlossen gewesen und ward auch, trotz seines Klopfens und Rufens, nicht wieder geöffnet worden.

„Wait", sagte ich, „stay at the airport.
I will have a look for another flight,
maybe there is a next one for today."

„Warte", sagte ich,
„bleibe am Flughafen,
ich will nach anderen Flügen schauen,
vielleicht gibt es für heute noch einen weiteren."

Was ich fand, war eindeutig zu kostspielig, zu weit von meinem Heimatort entfernt oder ob katastrophaler Umwege einfach zu zeitaufwendig. Der nächste sinnvolle Flug startete am kommenden Samstag, wie gehabt von Chaniá nach Bremen, um kurz vor elf, zum Spottpreis von 24,95 €.

2.

Am folgenden Samstag klingelte mein Telefon zur rechten Zeit. Georgos hatte Micháli zum Flughafen gefahren, mit ihm eine letzte Zigarette außerhalb der Abflughalle geraucht, die Zeit im Auge behalten und seinen Schützling rechtzeitig zum Gate geleitet. Vier Stunden später schlossen Micháli und ich uns in Bremen in die Arme. Dieser Mann, diese Optik, dieser verwegen wirkende alte Mafioso. Sein Vollbart, um einiges rauschender, die Haare wie üblich zum Zopf gebunden, die Jacke offen, das schwarze Oberhemd bis zum Brusthaar geknöpft, die dunkle Sonnenbrille auf der Nase, die vorgefertigte, selbst gedrehte Zigarette in der rechten Hand.

Vor der gelben Wellblechwand neben dem Ein- beziehungsweise Ausgang zum Ryanair-Terminal rauchten wir eine Begrüßungszigarette. Ein junger Grieche, mit dem Micháli während des Fluges ins Gespräch gekommen war, gesellte sich zu uns. „Faíneste ypérocha - you look great - a bit like movie stars", sagte er mit einem Lächeln und fragte, ob er ein Foto von uns machen dürfe. „If you like, gerne!", gab ich mit einem Grinsen zurück, was Micháli mit einem dreifachen „Né, né, né!", dem griechischen Wort für ja und einem gewissen Stolz in Blick und Körpersprache unterstrich. „... great - a bit like movie stars - großartig - ein wenig wie Filmstars!", da wollten wir uns doch mal nicht zieren.

In front of the Yellow,
vor der gelben Wellblechwand,
gaben wir unser Bestes!

Unsere erwarteten zehn Tage waren auf drei geschrumpft. Wir nutzten sie in bester Manier. Den ersten Abend verbrach-

ten wir bei Anne und Burhan mit Scampi, allerlei Gemüsen, Salat, verschiedenen Mojo-Soßen, rotem und weißem Wein in unserer griechisch-türkisch-deutschen Gemeinschaft. Da war kein Sich-gewöhnen-Müssen, kein Fremdeln, kein langsames Aneinander-Herantasten. Da war von null auf hundert gleich alles wieder da. Selbst der ritualisierte, von Burhan und Micháli als Ausdruck ihres besonderen Gefallens für was auch immer erwählte Ausruf „Teneríffe!" mit anschließendem Kussgeräusch kam an diesem Abend unter großem Gelächter erneut mehrfach zum Einsatz.

Weit nach Mitternacht schlenderten wir, mit einem kleinen Umweg über den Nielsenpark mit seinem bei Nacht stimmungsvoll beleuchteten Pavillon, eingehakelt und leicht angeschickert zurück nach Hause.

Wir fielen in einen tiefen Schlaf, wachten am späten Sonntagmorgen wunderbar beinverschlungen wieder miteinander auf, nahmen ein heißes Bad, eine kalte Dusche und machten uns auf den Weg ins Nachbardorf zur Familie meines Bruder, die Modalitäten der Bootsüberführung zu besprechen.

Nach dem unausweichlichen Sonntagnachmittagsschlaf folgten ein entspannter Gang mit Blick auf die untergehende Sonne ums heimische Ottermeer und ein weiterer griechisch-deutsch-türkischer Abend zu viert. Dieses Mal im Salon meines Hauses mit Kaminfeuer und an die Wand projizierten Fotos unserer gemeinsam verbrachten Winterzeit.

Der nächste Tag war gefüllt mit freudigen Begegnungen. Micháli verbrachte die meiste Zeit dieses ladenoffenen Montages mit mir im Geschäft, erfreute sich an den überraschten, ihm bekannten, wiedererkennenden Café-Gästen, ließ sich das

since1908

Kaffeebereiten nicht nehmen und bot jedem von Irinis mitgegebenen mit Schafskäse und Honig gefülltem Blätterteig-Gebäck an.

Den Dienstag hatte ich mir freigenommen. Wilma betreute den Laden. Nach unserem gemeinsamen Ladenbesprechungskaffee fuhren Micháli und ich zu meinem Bruder. Das Boot stand zur Abfahrt auf einem Trailer vor dem Haus bereit. Eine letzte Überprüfung. Ein paar kleine Frotzeleien. Ist das Boot auch gut und sicher verzurrt? Ist alles an Bord? Sind Trailer und Anhängerkupplung richtig miteinander verbunden? Haben die Jungs ihren Proviant dabei, ihre Reisetaschen, ihre Schlafteddys, ihre Handys, ihr Alles? Sind wir in der Zeit? Sind alle bereit? Wo ist die Leiter, um aufs Boot gelangen zu können?

Meine Schwägerin rief zur ostfriesischen Teezeit mit Rosinenbrot, guter Butter und jungem Gouda und dem üblichen schwarzen Tee aus kleinen Tassen mit Kandis und Sahnewölkchen. Micháli lobte diesen süßen Brauch.

Es ist sonderbar. Machen sich zwei auf den Weg, winken sie ein letztes Mal aus dem geöffneten Fenster des sich langsam entfernenden Fahrzeuges, verliert sich das Gefährt aus unserem Sichtfeld, mit einem Blick auf die rückwärtigen Lichter, schleichen sich Tränen in unsere Augen. Abschiedsschmerz? Reine Sentimentalität? Sorge um das gute Gelingen einer Aktion und um die gesunde Wiederkehr der Liebsten? Es ist egal. Es ist, wie es ist, und es ist in Ordnung.

Wir zwei zurückgelassenen Frauen nahmen uns in die Arme, sagten „albern!" und einigten uns auf ein Gläschen von Michális mitgebrachtem Raki aus der kleinen Plastikwasserflasche mit der Aufschrift „Samaria".

BIGA 262

Piccolo Mondo

Wir atmeten tief durch, sagten:
„Zum Trost!" und rauchten dazu eine
Nun-sind-sie-also-losgefahren-Zigarette.

„Wird schon gut gehen!"
„Ja, wird schon gut gehen!"
„Und es wird toll werden!"
„Ja, es wird toll werden!"

Kurz vor Mitternacht meldeten sich die Jungs von ihrem ersten Rastplatz in der Nähe von Bayreuth. Sie hatten ihr Nachtmahl eingenommen, sich ein Bierchen dazu gegönnt und sich zum Schlafen über die Leiter in ihre Kojen aufs Boot begeben.

Heute noch „Gute Nacht!"
Morgen dann „Buona Notte!"
Und bald schon „Kaliníchta!"

3.

Ihren Erzählungen zufolge, hatten sie eine gute Zeit. Fuhr der eine, durfte der andere dösen. Waren beide wach und gesprächsbereit, unterhielten sie sich auf Englisch, bis sie auf den Trichter kamen, sich zwischenzeitlich gegenseitig in ihren Heimatsprachen zu unterrichten. Die vier Tage ihres gemeinsamen Autofahrens bescherten ihnen eine ansehnliche Menge gut gebräuchlicher Worte und Sätze. Sind Worte, Aussagen oder Sätze verstanden, bleiben sie nach ausreichend häufiger Wiederholung gerne zum stetigen Abruf in unseren Köpfen hängen.

Nach vier Tagen, drei Nächten und zwei Fährfahrten war Chaniá erreicht, der größte Teil der Bootsüberführung vollbracht und die letzten läppischen 70 Kilometer, bis auf die Serpentinen zwischen Askífou und Chóra Sfakíon, nur noch ein Katzensprung, nur noch ein Klacks. Ab Askífou war Feingefühl gefragt, Vorsicht geboten, eine langsame Gangart erforderlich, ob nun ein, zwei, drei oder auch zwanzig Fahrzeuge dem Bootstransport folgen mochten. Vor Einfahrt des neun plus vier Meter langen Gespanns in den neuen Heimathafen der „Piccolo Mondo", Chóra Sfakíon, empfahl sich kurz vor dem endgültigen Ziel eine Rast in Michális Stammkneipe Mesohóri bei Georgos in der drittletzten Kurve vor dem großen Busplatz des Ortes. Micháli hatte am Steuer gesessen und es sich auch hernach nicht nehmen lassen, das Einfahren in seinen Heim- und Wirkungskreis zu übernehmen.

Große Augen.
Erstaunt bewundernde Blicke.
Freudiges Zuwinken.

BIGA 262

ELEKIS
ONAL TRANSPORTS

So - ja, genau so - durfte es für Micháli gerne sein!

In der ersten Nacht in ihrem neuen Zuhause verweilte die „Piccolo Mondo", die kleine Segeljacht meiner Bruderfamilie, noch hoch oben auf ihrem Trailer.

Zum sich Gewöhnen - schlau!

Die kleine weiße Kirche oberhalb des neuen Hafenbeckens spendete Segen. Die mächtigen Betonkegel der Hafenbegrenzung zur Linken versprachen Sicherheit. Das Diving-Center mit seinem überdachten Terrassenplatz und den gemütlichen Sommermöbeln bot dem Bootseigner eine Art Wohnzimmer

und sein Betreiber Damúlis ihm mit seiner Freundschaft einen verlässlichen, ortskundigen, wohlwollenden Ansprechpartner und Bootspaten. Der Hafen, das neue weite Hafenbecken mit den sich in seinem dunklen Nachtwasser spiegelnden grellgelben Hafenlaternen, versprach einen seichten, heimeligen und sicheren Liegeplatz und der rechtsseitig vom Boot schon ewig dort stehende blaue Container der Fischer eine gute Nachbarschaft und allzeit frischen Fisch.

Durfte man dem Traum meines Bruders in dieser ersten Nacht am neuen Hafen von Chóra Sfakíon in der Koje seines Segelbootes Glauben schenken, wollte es der „Piccolo Mondo", auf Deutsch der „Kleinen Welt", hier wohl gefallen. Sie hatte ihm zugelächelt, wohlig im leichten kretischen Nachtwind vor sich hingeschnurrt, am Morgen mit leicht verschlafenen Augen ins Sonnenlicht geblinzelt und danach irgendwie weicher und zufriedener dreingeschaut.

Ein paar Tage wollte er schon bleiben, der Bruder, wollte auf dem Boot alles so herrichten, dass für die bevorstehenden Reise-, Segel- und Verweilzeiten alles bereit war. Seinen Schlafplatz hatte er auf dem Boot, ob an Land oder zu Wasser. Seinen frühen Morgenkaffee nahm er samt Frühstück bei Marco, dem Bäcker Chóra Sfakíons, in zweiter Reihe der Uferpromenade ein. Den zweiten plus Morgenzigarette mit Micháli an dessen Taxiboottisch vor meiner Lieblingsherberge, dem Xenia. Ab dann war es Zeit für den Arbeitseinsatz an Bord. Das Boot wurde mit Hilfe eines großen Krans ins Wasser gehoben. Anschließend wurde alles gesichtet, hergerichtet, vorbereitet und getestet, behoben und neu probiert, gereinigt, gewienert und poliert und alles an den rechten Ort gebracht. Die Segel wurden gehisst und wieder eingeholt. Der Motor angeschmissen, gereinigt und neu gestartet. Man legte ab und legte an, fuhr ein wenig hinaus und wieder hinein, bis alles einwandfrei funktionierte.

Zwischen all den Schiffen vor Ort war das Boot meines Bruders der einzige Segler. Es war nicht zu groß und nicht zu

PE LU
21 20 91 3
22 6

klein, nicht zu protzig und nicht zu bescheiden. Es war, es ist ein schönes, schlichtes, neun Meter langes, aus Holz gefertigtes Segelboot, mit fünf Schlafplätzen, das im Notfall von nur einem kundigen Segler manövriert werden kann. Bevor mein Bruder sich auf den Heimweg machte, hatte er seinen Namen weg. Einen Titel, der von hier an eindeutig nur ihn meinte.

Sprach man in Chóra Sfakíon künftig vom „kleinen Kapitän", from the „little Captain", apó ton „mikró Kapetánio", war immer mein auf einmetersechsundachtzig hochgewachsener kleiner Bruder gemeint.

4.

In unserem ostfriesischen Zuhause war alles schön. Ostern stand vor der Tür. Puschelige Weidenkätzchen schmückten unsere Schaufenster, gelbe, mit filigran bemalten Holzeiern behängte Forsythienzweige die Fensterbänke unseres Wohnbereiches. Unser kleines Ostergeschäft lief gut. Kinder und Enkel hatten sich angesagt, meine Bruderfamilie und Tante Katharina ebenso, und auch der zu den Kindern und Enkelkindern gehörende Vater und Großvater, mein bisher einzig wirklicher Ehemann, hatte sich, wie in all den Jahren zuvor, zum gemeinschaftlichen Familienfrühstück am Ostersonntag angemeldet.

Familientage sind Familientage - da komme, was wolle!

Ostern war in unserer Familie immer etwas Besonderes. Ich weiß noch, wie wir Schwestern, vier- und siebenjährig, trockenes Moos zusammensuchten, mit unserem Vater runde, zumindest fast runde Nester an versteckten Plätzen daraus formten und am nächsten Tag aufgeregt in den Garten liefen, zu schauen, ob der Osterhase etwas für uns hineingelegt hatte. Er hatte es immer! Wir freuten uns über jedes hartgekochte, gefärbte Ei, über die mit Nougat und Krokant gefüllten Schokoladeneier, über die vielen kleinen aus reiner Vollmilch und über die zuckersüßen Geleespiegeleier, die eigentlich keinem von uns so wirklich schmeckten.

Mal gab es dazu Selbstgestricktes, mal das ein oder andere Pixibuch, wie Bertha Henne, Federbällchen, Susis Lämmchen, Kater Schnurr oder Mama Miezemau, oder in guten Jahren ein kleines Spielgeschenk. Später kamen Schaum-Eier aus festem Baiser mit knallig roter, gelber, blauer und grüner Ummantelung in Mode und noch später Feinstes von Lindt. Die kleinen Goldhasen und die zuckersüßen, knalligen Schaum-Eier sind mir nach all den Jahren immer noch die liebsten Relikte meiner kindlich eingefärbten Ostererinnerungen. Die goldenen Schokohasen gibt es immer noch und dazu, je nach Wetter und Monatszeit, blühende Schneeglöckchen, „Krokanten" oder Osterglocken.

Seit unsere Mutter ihren Laden hatte, empfand ich die Karfreitage immer als besonders familienschön. An diesem Tag verwandelten sich gehortete weiße und braune rohe Hühnereier in hart gekochte, bunte. Sie wurden im Kreise der Familie gefärbt und am Abend vom Vater im aufkommen wollenden Dunkel der Dämmerung dem Osterhasen übergeben. Ein selbstverständlicher Umstand, den wir niemals infrage stellten.

Papa setzte die Farben an. Mama kochte die Eier. Wir Mädchen banden sie nach dem Kochen mit Blättern oder kleinen Blüten fest in ausgediente, zuvor auf kleine Quadrate zugeschnittene Nylonstrümpfe, bevor der Vater sie in die nach Essig riechende, in Weckgläser vorbereitete Eierfarbe tauchte. Kräftig gefärbt herausgenommen und mit aufbewahrten Speckschwarten eingerieben, erstrahlten unsere kleinen Kunstwerke anschließend, wunderbar glänzend in all ihrer Pracht.

Der „kleine Kapitän" war in diesen Jahren zwischen zwei und sieben und um die neun bzw. zwölf Jahre jünger als seine großen Schwestern. Er beobachtete die Mutter beim Anrühren des Kuchenteiges, hielt später selbst den Krups 3 Mix, half beim Verteilen von Apfelspalten, Rosinen, Nüssen und Streuselmasse und durfte nach getaner Arbeit, unter vorheriger Abgabe gerechter Teigmengen an die Schwesternschaft, die letzten Reste aus der Rührschüssel naschen.

Nachdem ich erwachsen war und selbst die Mutter, hielt ich mit dem Vater unserer Sprösslinge an den Ritualen meiner Kinderzeit fest. Einzig die Anzahl der versteckten Süßigkeiten und der damit aufzuspürenden Plätze änderten sich. Während die Kinder den Frühstückstisch abräumten, verteilten wir Eltern die vorher penibel durchgezählten Teile in der weiten Wildnis unseres Gartengrundstückes. Wir breiteten eine Decke auf dem Rasen aus, setzten uns mit Kaffee und Fotoapparat beobachtend danieder und ließen die Kindelein suchen und aufspüren, bis die meisten Verstecke enttarnt waren und es der Suchesfreuden genug. Vieles ward von den Kindern aufgestöbert, einiges von den Eltern nachgesucht, weniges für immer im Gartengrund verschwunden oder doch noch im Laufe der Jahre per Zufall entdeckt.

Beim Schreiben dieser Ostererinnerungen kommt mir ein Foto meines Vaters in den Sinn. Er, vierunddreißigjährig, in Arbeitshosen mit weißem Kragenhemd und darüber gezogenem Pullunder plus wärmender Strickjacke in beige-braunem Rautenmuster. Auf dem Kopf eine Schiffermütze, in der Hand ein spatenähnliches Stecheisen zum Abstechen künftiger Torfstücke. Der feste, feuchte Moorboden wurde in rechteckige, möglichst gleichgroße Sodenstücke gestochen, zum Trocknen zwei um zwei versetzt zu luftdurchlässigen Achtertürmchen gestapelt und in Wind und Sonne stehengelassen, bis sie brenntrocken im Schuppen hinter dem Hühnerstall eingelagert werden konnten. Jahr für Jahr wurde der moorige Boden so Schicht für Schicht zur Gewinnung von Brenntorf abgetragen, bis aus Moorgrund Bau- bzw. Gartenland geworden war. Aus Erzählungen weiß ich, dass bei Fertigstellung des elterlichen Wohnhauses in den neunzehnhundertfünfziger Jahren ausschließlich der Baugrund plus zwei oder vier Meter Hinterhausland abgetorft waren. Die restlichen an die achtzig

Meter Hochmoor auf über zwanzig Metern Breite wurden im Laufe der folgenden Jahre von Mutter, Vater und Großvater in Handarbeit abgetragen. Ob's gut war oder schlecht, schwer oder leicht, stand nie zur Debatte. Es war, wie es war - erforderlich zur Nutzgartenerweiterung und sinnvoll für die kostenfreie Gewinnung wertvollen Torfes als Heizmaterial.

Beim Auffinden dieses Vater-Fotos entdeckte ich zwei weitere Aufnahmen, die mir gut mit auf diese Seite passen. Unsere Mutter, vom Einkauf kommend, mit dem Fahrrad die Auffahrt hinauffahrend, und meine Schwester und ich mit dem Vater in windgeschützter Ecke im Sonnenschein auf der hölzernen Umrandung der von ihm gezimmerten Sandkiste sitzend. Unser Vater war ein Tausendsassa, er konnte alles. Er arbeitete als Schlosser im Wiesmoorer Torfkraftwerk und erdachte und fertigte dazu, was das Leben in und um unser Haus herum schöner machte, während unsere Mutter mit Leib und Seele das Haus, den Garten und uns Kinder betreute. Wir Schwestern spielten zu zweit allein zu Haus oder mit den Kindern aus der Nachbarschaft. Es war eine einfache, gute und ungefährliche Zeit. Niemand hatte wirklich viel Geld. Autos gab es nur wenige. Fahrräder viele. Straßen und Wege waren aus Schotter oder gelbem Sand. Es gab viele Kinder und einen Spielplatz mit herumführender Rollschuhbahn. Eine dreikästige Sandkiste, eine blau gestrichene Holzwippe, eine grüne Schaukel, eine rote Rutsche, einen Kletterturm mit Turn- und Rutschstangen und einen Dreh-Pils mit angerostetem Stumpf und rot-weiß „gepunkchetem" Dreh-Dach.

5.

Unserem familiären Osterfrühstück im März zwanzigdreizehn folgte das obligatorische Eiersuchen im längst abgetorften, ehemals von Nutzpflanzen besiedelten, zum Ziergarten umgewandelten und nun verwilderten Garten. Ich sammelte wie in jedem Jahr die vom Herbstwind von den Bäumen herabgewehten Äste und Zweige fürs abendliche Lagerfeuer, dem sich zeitweise das eine oder andere Familienmitglied anschloss.

Beim Nachmittagskaffee besprachen wir zwischen den Erzählungen meines Bruders über die Umstände und Humorigkeiten der Bootsüberführung unsere Reisepläne. Wer aus der Familie wann, wo und wie lange auf Kreta weilen würde. Sollte doch der kleine Segler, die „Piccolo Mondo", gerne allen auf Kreta verweilenden Familienmitgliedern als Wohn- und Schlafplatz zur Verfügung stehen, so die Eigner es, das Boot, nicht selbst würden nutzen wollen.

Meine Reisezeit lag zwischen dem 21. April und dem 19. Mai. Bruder und Schwägerin wollten ab Anfang Mai für vierzehn Tage nach Kreta kommen. Während meiner alleinigen Verweilzeiten in Chóra Sfakíon würde ich das Boot alleine bewohnen, bei gleichzeitiger Anwesenheit von Bruder und Schwägerin würden wir es gemeinsam mit dem Aufteilen der Schlafplätze versuchen, ich ins Xenia übersiedeln oder mich anderweitig auf Reisen begeben.

Ich wurde in die Grundkenntnisse und die Notwendigkeiten für den Bootsaufenthalt eingewiesen, was, wie und wo zu finden und zu beachten sei. Was ich dürfe und was ich auf jeden Fall vermeiden müsse. Damúlis bekäme über mein Kommen Bescheid, habe den Schlüssel und würde mir mit Sicherheit bei allem gerne mit Rat und Tat zur Seite stehen.

Dass ich mit dem Boot nicht hinausfahren würde, war klar, dass ich vordem nie auf einem Boot übernachtet hatte, ebenso, dass mir beim Segeln schwindlig und übel wurde, bekannt und dass sich diese Dortseins-Variante für mich wie ein kleines Abenteuer anfühlen würde, gut vorstellbar und wahrscheinlich. Meine nächste Reisezeit fiel somit in die Kategorie:

„When was the last time you did something for the first time?"
„Wann hast du das letzte Mal etwas zum ersten Mal getan?"

In knapp drei Wochen würde es an der Zeit sein, meinen Reiserucksack vorzubereiten, zu packen, zu schließen und mich erneut zum Flughafen aufzumachen. Ich war gespannt, wie mein Wiedersehen mit Micháli sein würde, wie sich mein Bootsleben anfühlen und wie es sich auf unser Miteinander und Liebesleben auswirken würde und ... sowieso und nervös und überhaupt.

6.

Seit Anfang des Jahres flog Ryanair zu günstigen Tarifen, ohne Zwischenstopp von Bremen nach Chaniá und zurück. Besser ging es für mich nicht. Bremen ist der nächste Flughafen zu meinem ostfriesischen Heimathaus, Chaniá der nächste zu meinem heimatgefühlten Chóra Sfakíon. Im Flugpreis enthalten - der Transport für 10 kg Gepäck. Ich versuchte die Tragelast meines Rucksackes immer schon gering zu halten, mit möglichst wenig Gepäck zu reisen, Unnötiges daheimzulassen. So klar begrenzt wie auf dieser Reise war es mir jedoch eine zusätzliche Herausforderung.

Mein erstes Kreta-Buch war inzwischen als E-Book erschienen, das Druckwerk für den kommenden Oktober geplant. Ich hatte Postkarten mit dem Konterfei und der Inhaltsbeschreibung meines Warrum nicht! drucken lassen und den Plan, einen guten Batzen davon zur Bekanntmachung meines Erstlingswerkes mit nach Kreta zu nehmen. Dazu mein kleines, rotes Laptop zum Dichten und Schreiben und für den problemlosen Austausch mit meinen Ladenfrauen.

Für handschriftliche Notizen während alleiniger Verweilzeiten auf Tavernenterrassen, an Taxiboot-Office-Tischen, auf dem Boot oder anderswo brauchte es ein kleines Stiftesortiment und zwei Tagebuchhefte. Für diese Reise wählte ich sie blumenberankt. Zur Gewichtskontrolle meines Reisegepäcks gab ich all das bis hier Zusammengekommene in einen auf meiner Personenwaage platzierten Weidenkorb - 4,8 Kilogramm - danach füllte ich nach Wichtigkeit bis zur 10 Kilogramm-Markierung auf. Toilettenartikel konnte ich auf Kreta besorgen, die verbleibenden Kleidungsstücke übereinandergezogen auf dem Hinflug am Körper tragen. Mit meinem ewigen Zwiebellook wollte mir das schon gelingen.

Die kühlen Temperaturen am Abflugtag ließen mich die geschichtete Kleidung bis zum Bremer Flughafen kaum spüren. Mein Gepäck hatte die Gewichtskontrolle problemlos überstanden, das Flugzeug sein Ziel nach dreieinhalb Stunden erreicht. Meine Stimmung war leicht, mein Zuviel-übereinander-Getragenes unter der wärmenden Sonne Kretas am Flughafen von Chaniá, eines nach dem anderen, schnell, fein aufgerollt, mit in meinem Rucksack verschwunden.

Als ich das Flughafengebäude verließ, blickte ich unverhofft in die lachenden Augen Michális, der sich ohne jede Ankündigung am frühen Morgen vom Bäcker aus Chóra Sfakíon zum Flughafen hatte mitnehmen lassen, mich abzuholen - wie herzig!

„Surprise - Éklipxi - Überraschung Elisabethaaa?"
„Né Micháli, a realy great and wonderful Éklipxi!"
„Ja Micháli, eine wirklich wunderbare Überraschung!"

Große Umarmung, einmal in die Runde gewirbelt, er mich, wir uns auf den Mund geküsst und ich ihn gefragt, ob er mit dem Auto da sei, was er verneinte.

„I came here with Marco, the baker man of Chóra Sfakíon,
and we go back by bus like real tourists,
if you like with one or two nights staying in Chaniá.
I have time ..., if you like?"

Er sei mit Marco, dem Bäcker von Chóra Sfakíon, hergefahren und wolle nun mit mir, wie richtige Touristen, mit dem Bus, wenn ich möge, nach ein oder zwei Übernachtungen in Chaniá, zurück nach Chóra Sfakíon fahren.

„I have time ..., if you like?"
„Ich habe Zeit ..., wenn du möchtest."

If I like? - Natürlich wollte mir das wohl gefallen, ausgesprochen sogar. Ich strahlte ihn an, von einem Ohr zum anderen, antwortete mit: „For sure! - Sicher!" und ergänzte, dass ich damit ja nun so überhaupt nicht gerechnet hätte. Er schulterte meinen Rucksack, drückte mir seinen blauen Plastikutensilienbeutel in die Hand und sagte:

„Páme! - Dann komm!"

Wir schlenderten zum Buswartehäuschen, kauften zwei Tickets to the town - bis in die Stadt, rauchten eine Auf-den-Bus-warte-Zigarette, strahlten uns an und bewegten uns, nachdem wir den nächsten Bus bestiegen hatten, ohne große Worte direkt auf die hintere Busbank zu.

Gemeinsame Vorlieben verbinden!

Mit Michális Ortskenntnissen war es nicht erforderlich, bis zum Busbahnhof zu fahren. Wir stiegen auf Höhe der Markthalle aus, passierten sie rechtsseitig, gingen ein paar Gassen kreuz und quer und hielten vor einem leicht baufälligen, von Bougainvilleen bewachsenen, gar zusammengehaltenen Haus mit abgeblätterten blauen Fensterläden. Micháli erzählte, dass es das Haus eines Schulfreundes sei, dass es derzeit, außer von ein paar Katzen, nicht bewohnt werde, es auf seine Sanierung warte und dass er, wenn er in Chaniá übernachte, es meist hier täte.

„One cat more is no problem!", grinste er amüsiert.
„Eine Katze mehr ist kein Problem!" Was ich mit:
„So let's do it! - Dann lass es uns tun!",
lächelnd beantwortete.

AMPHITRITI HOTEL

7.

Ein verrücktes Haus. Die Eingangstür, scheibenlos mit Ziergittern. Die Fensteröffnungen im Erdgeschoss, holzverschlagen, in der ersten Etage teils ohne Verglasung, offen, in der zweiten ebenso. Das dritte und gleichzeitig obere Geschoss mit bodentiefen Doppeltüren, abgeblätterten, ehemals blau gestrichenen Fensterläden und kleinen Balkonen mit filigranen, venezianisch anmutenden Balkongittern.

Die in kräftigem Rosé üppig blühende Bougainvillea rankte bis dort hinauf, hielt mit den in Olivenbehältern gepflanzten Oleandern Zwiesprache und gab dem Gebäude einen romantischen Anstrich.

Hebe, Aphrodite oder Europa - die Göttinnen der Jugend, der Liebe und des Abends - jede von ihnen hätte in diesem Moment auf einen der Balkone treten können, uns willkommen zu heißen.

„What's about coffee,
 something to eat kai ena raki?", schlug ich vor,
„Wie wär's mit einem Kaffee,
 etwas zu Essen und einem Raki?"

„Òla se aftí ti seirá!", bestätigte Micháli.
„Alles in dieser Reihenfolge!"
„All in this order!"

Es war inzwischen um die Mittagszeit, mein Koffeinspiegel tief, mein Hungergefühl leidlich, der Sinn nach einem Begrüßungsraki vorhanden. Wir wählten einen Tisch im vorderen Bereich des von großen Platanen beschatteten Platzes auf der gegenüberliegenden Straßenseite „unseres Hauses”. Vier Tavernen bedienen diesen Platz. Dazwischen eine Apotheke, eine kleine Buchhandlung und drei weitere Geschäfte. Am Ende des Platzes eine große Kirche, rückwärtig eine Manufaktur für antike kretisch-griechische Museumsduplikate. Mit dem Servieren unseres Kaffees schlugen die Kirchenglocken zur Mittagsandacht.

„Welcome - nice to have you back!”, sprach Micháli.
„Willkommen - schön dich wiederzuhaben!”
„Kalós írthate - oraía na sas écho píso!”

„Ja, genau - né akrivós - just like that, Micháli!”

Wir hoben den Raki auf Augenhöhe, blickten uns lächelnd an, drückten uns die Hände und genossen uns, den Kaffee, das griechische Mahl und die kleine, leicht brennende „Medicine”.

His friend, sein Freund, ton fílo tou - hätte das Haus vor mehr als zehn Jahren von seinem Großvater geerbt. Er habe keine Eile, es fertigzustellen. Immer, wenn er etwas Geld übrig habe, Zeit und Freunde, die ihm halfen, muckelte er weiter daran herum. Die obere Etage nehme langsam Formen an. Habe inzwischen ein benutzbares Bad, eine kleine Küchenzeile, einen mit alten Möbeln eingerichteten Wohnraum und drei benutzbare Schlafräume. Die Elektrik, die sanitären Anlagen seien modern, die Optik im alten Stil neu hergerichtet. Wären die obere Etage und das Treppenhaus richtig fertig, solle es Schritt für Schritt Richtung Erdgeschoss weitergehen.

„It looks good, it's cozie and warm.”
„Es sieht gut aus, ist gemütlich und warm.”

In den Wintermonaten, außerhalb der Saison, würde auch er, Micháli, immer mal mitarbeiten. „Not for money, but for using the rooms. - Nicht für Geld, doch zur gelegentlichen Nutzung der Räume."

Die Eingangstür war unverschlossen. Im Erdgeschoss standen zur Rechten zwei Fahrräder. Durch halb offenstehende Türen sah ich Baumaterial und allerlei Gerümpel, bei dem noch nicht recht klar zu sein schien, ob es schon Müll war oder ob es noch einmal zum Einsatz kommen würde.

Ist's Geld knapp und genügend Raum vorhanden, war es von jeher klug, Vorhandenes zu horten, zu verwahren. Die Treppenstufen knarrten. Die Räume der ersten und zweiten Etage waren sauber und leer. In einem der Zimmer war eine Art Werkstatt eingerichtet. Alles, was an Werkzeugen vorhanden war, schien hier zu lagern. Ob das meinen Augen wohl gefallen wollte? Ob ich von dieser Ordnung wohl beeindruckt war?

„Micháli, who did it?", fragte ich begeistert.
„Not me! But Andréas is a very orderly guy!"

„Micháli, wer hat das gemacht?", fragte ich begeistert.
„Nicht ich! Andréas ist ein sehr ordnungsliebender Mann!"

Micháli zauberte einen Schlüssel hervor, schloss die Tür am Ende des Flures auf, öffnete sie und gab damit den Blick auf eine weitere Treppe frei. Ab hier waren die Stufen mit Sisal belegt, die Wände frisch gekalkt, Handläufe an den Wänden.

„Stairway to heaven ....?" - „Né, stairway to heaven!"
„Treppe zum Himmel ....?" - „Ja, Treppe zum Himmel!"

Ich hatte mit allem gerechnet, mit allem, was irgendwie chaotisch, unordentlich, schmuddelig, ja - provisorisch dahergekommen wäre, doch mit so etwas Schönem - nicht! Himmelsfarben, Meerestöne, luftig, freundlich, hell, blau und türkis mit einem Hauch Sonne.

„Micháli, it's really heavenly, a little like paradise!"
„Which room do you want,
 and what will we do next?"
„What a question?" - „For true - what a question!"

„Micháli, es ist wirklich himmlisch, geradezu paradiesisch!"
„Welches Zimmer möchtest du,
 und was wollen wir als nächstes tun?"
„Welche Frage?" - „Fürwahr - welche Frage!"

8.

Fünf am Nachmittag. Genug geruht. Für den Moment - genug geliebt. Das Quartier für die kommenden zwei Nächte eingenommen. Aneinandergelehnt gemeinsam durch die weit geöffnete Balkontür über die Dächer Chaniás gen Nord-Ost, Richtung Meer geschaut und einen Gang zum Hafen beschlossen.

Meist gingen wir locker nebeneinander her, dann und wann hakelte ich mich kurz bei ihm ein. Beim ein oder anderen „Look here ..." oder „Look there ..." - „Schau hier ..." oder „Schau da ..." legte er seinen Arm um meine Schultern, drehte mich in die entsprechende Richtung und erklärte mir, was es dort zu sehen gab.

Am Ostkai des im 14. Jahrhundert durch Aufschütten einer Mole geschaffenen venezianischen Hafenbeckens von Chaniá, „The Old Harbour", stießen wir auf die letzten noch verbliebenen, aus Stein gebauten Lagerhäuser aus dem Jahre 1497. Zwei der ursprünglich fünf an dieser Stelle erbauten Arsenale sind restauriert erhalten. Die in ihrer Gesamtzahl ehemals 23 Gebäude dienten dem Schiffsbau, der Lagerung von Kriegsmaterial und als Winterlager für die Galeeren. Heute sind die beiden am Ostkai erhaltenen Arsenale das Zuhause des Segelclubs von Chaniá. Gleich nebenan befindet sich das historische Schiffbau-Museum der Stadt.

Wir schlenderten zum Hafenbecken - gingen ein paar Schritte - betrachteten die dort vertäuten Boote - kamen bei dem ein oder anderen ins Schwärmen und Träumen - und malten uns ihren Besitz und die damit möglichen Möglichkeiten und Reisen aus. Ich wünschte mir ausschließ-

lich das Erkunden der kretischen Küste, Micháli sich weite Fahrten übers offene Meer. Plötzlich rief er „Stop! - Stopp!" and „Wait a little! - Warte kurz!", marschierte schräg über den Platz zurück zum Eckhaus, plauderte gestenreich mit einem davorsitzenden Griechen, kam zurück und sagte: „I ordered a table for us, at eight, in front of Antígoni!" „Ich habe uns für acht Uhr einen Tisch vorm Antígoni reserviert!"

Ein erneuter Blick in Richtung Häuserzeile ließen mich TAVERNA, FISCH-RESTAURANT und ANTÍGONI lesen. Umärmelt schlenderten wir, weiter träumend Boote und Jachten schauend, verliebt am Kai entlang.

An die hundert Schritte weiter, ein mächtiges rechteckiges Gebäude - das Arsenáli Megálo. Wunderschön renoviert, restauriert, hergerichtet. Die umlaufenden, achtscheibigen Fenster, hell erleuchtet. Die großzügige gläserne Eingangstür, geöffnet. Ein Schein gelben Lichtes lud zum Hereinkommen. Ein Banner informierte über die aktuelle Ausstellung, eine beschriftete, am rustikalen Sandstein-Mauerwerk angebrachte Plexiglasplatte über das Sollen und Wollen, den Auftrag, die neue Bestimmung des Gebäudes. Das Megálo Arsenáli, als öffentlicher Ort für Kunst und Kultur alter und zeitgenössischer Künstler, alle Zeit von musikalischen Klängen untermalt oder von passender Geräuschkulisse begleitet.

„Théloume? - Do you want? - Magst du?"

Wir mochten beide. Wir tauchten ein. Wir lauschten griechischen Klängen, tosenden Wind- und Wellengeräuschen, betriebsamen Geschäftigkeiten, Vogelkreischen und dem Tuten naher und ferner Nebelhörner. Wir schauten die ausgestellten Schwarz-Weiß Aufnahmen zum Thema „Geschichte vom Aufbau und Werdegang des Venezianischen Hafens von Chaniá".

Wir betrachteten Bilder alter Segler, Kampf- und Fischerboote, von Matrosen, Hafenarbeitern und Kapitänen, von zurückgelassenen Frauen und Kindern, von altem Gemäuer und historischen Gerätschaften. Alle Bilder rahmenlos, auf Augenhöhe, in einheitlichem Format, stimmungsvoll ausgeleuchtet, am feinstrukturierten Sandsteingemäuer im Innern des Arsenáli Megálo arrangiert.

„Micháli have a look,
this man could be one of your ancestors!"

„Micháli, schau,
dieser Mann könnte einer deiner Vorfahren sein!"

„This face, this hair, this beard -
maybe one of my forefathers?"

„Das Gesicht, das Haar, der Bart -
vielleicht einer meiner Vorväter?"

Wir schossen ein verbotenes „Familienfoto", fühlten uns diebisch, taten arglos, betrachteten weiter und traten, als es an der Zeit war, zurück ins Freie, hinein in die Abenddämmerung für den Genuss der blauen Stunde.

9.

Das gesamte Hafenbecken lag vor uns. Weit zur Linken, die Hasan-Pascha-Moschee, geradeaus, der am Ende der Hafenmole wachende Leuchtturm, zur Rechten, die restaurierten Lagerhallen am Ostkai und direkt hinter uns, das Megálo Arsenáli. Alles angeleuchtet, glänzend brillant, umgeben von den Vorboten der schwarzen Luft, dem Blau in Blau der gleichnamigen Stunde.

„Micháli, file mou, oraía na se do. Poios eínai aftó to korítsi?"
„Micháli, my friend, nice to see you. Who is this girl?"
„Micháli, mein Freund, schön dich zu sehen.
Wer ist dieses Mädchen?"

Ich hatte das wohl verstanden. „Poios eínai aftó to korítsi?" Wer ist dieses Mädchen? Und mein Freund und schön dich zu sehen. Er hatte nicht Gynaíka gesagt, Frau, er hatte Korítsi gesagt, Mädchen, was mich, wie auch immer es gemeint sein mochte, erfreute. Sie plauderten, unterhielten sich auf Griechisch.

Ich verstand das ein oder andere Wort.

Meinen Namen, Agapiméni, Filenáda, Andréas Cháouz,
dýo Méres sta Chaniá, Várka, ávrio, Ekdromí.

Elisabeth, Liebste, Freundin, Andréas Haus,
zwei Tage in Chaniá, Boot, morgen, Ausflug.

Micháli stellte uns vor: „Elisabeth - Strátis".

Strátis verabschiedete sich mit „Tha sas doúme ávrio!", mit „Bis morgen!", Micháli und ich uns mit „Adío!" und „Né, ávrio!", mit „Tschüss!" und „Ja, bis morgen!" und bewegten uns, nun etwas schneller, zu unserem reservierten Tisch vor der Taverna Antígoni.

Fresh Fish from the Boat stand auf einem Aufsteller am Eingang. Frischer Fisch vom Boot, was hätten wir da anderes wählen sollen. Dazu eine Gemüsemischung mit feiner Soße und ein Gläschen Wein. Danach ein zuckersüßes, von Orangensaft durchtränktes Kuchenstück aufs Haus und die obligatorische Zigarette zum Abschluss-Raki. Es war ein ausgesprochen schöner Abend. Der warme Wind war uns leicht über die Wangen gezogen. Unsere Blicke füreinander waren wohlwollend und sanft gewesen. Unsere Worttausche im Heute und Morgen und unsere Hände beim Sprechen in ständiger Berührung.

Wir lobten den lauen Sommerabend, die gute Speise, die atemberaubende Kulisse des Häuserkranzes auf der anderen Seite des Hafenbeckens und das weite Strahlen des von jeher mit Fackeln betriebenen Leuchtfeuers am Ende der Mole ebenso wie den Sternenhimmel, den Zug der Wolken und den auf seinem Rücken liegenden Halbmond.

„Tomorrow we can go by boat with Strátis,
if you like. To look the coast, to swim,
for sunbathing, maybe for fishing."

„Wenn du magst, können wir morgen mit Strátis
und seinem Boot die Küste entlang fahren, zum
Schauen, Schwimmen, Sonnenbaden und Fischen."

Ich fragte ihn nach der Art des Bootes, erzählte, dass mir's Segeln bisher nie bekommen sei, dass die Bewegungen in alle Richtungen meinen Gleichgewichtssinn überforderten, mir den Magen ordentlich durcheinanderbrächten.

Micháli beruhigte mich, erzählte, dass es sich bei Strátis' Boot um ein altes Fischerboot handele, dass es ob seiner ausladenden Grundfläche bei ruhiger See kaum schaukelnd sanft durchs Wasser gleite und dass laut Wetterprognose für morgen ein wolkenloser Himmel angekündigt sei und gleichbleibend leichter Wind, der die See, das Meer kaum aufwühlen würde. Für den Fall, dass mir dennoch übel werden sollte, empfahl er mir, Reise-Kaugummis, Coca-Cola und trockenen Zwieback mitzunehmen.

Dann fragte er unvermutet, ob ich je die Musikbar am alten Hafen besucht hätte. „Did you ever visit the musikbar at the old harbour?" und ob dies meine erste Nacht mit einem Mann in Chaniá sei. „Elisabeth, is this your first night with a man in Chaniá?"

Und ich zurück, ob er jemals den Weg über die Mole zum alten Leuchtturm gegangen sei. „Have you ever done the way to the lighthouse?" und ob es auch für ihn seine erste Nacht mit einer Frau in Chaniá sei. „And, Micháli is this your first night with a woman here?"

Wir beteuerten laut lachend, dass es für uns beide das absolut allererste Mal hier in Chaniá sei, was er, Micháli, mir durchaus hätte glauben dürfen. War es doch, bis auf meinen damaligen Mario während meiner längst vergangenen sechswöchigen Reparatur-Reise zurück zu mir selbst, an diesem Tag, in dieser Nacht, wahrlich das allererste Mal.

Micháli war den Weg über die Mole zum Leuchtturm vor Jahren einmal gegangen und würde es, wenn ich es wolle, mit mir gerne ein zweites Mal tun.

„Maybe tomorrow evening between the boat trip and visiting the music bar? It's very romantic at this time! - Vielleicht morgen Abend zwischen der Bootsfahrt und dem Besuch der Musikbar? Ist zu dieser Stunde sehr romantisch!"

„Schön", dachte ich,
„wirklich schön, so darf es sein, so mag ich es haben!"

Arm in Arm schlenderten wir auffallend verliebt zurück zu unserem Nachtquartier. War etwas anders? War es immer noch das, was es bisher in unserer bis dato gemeinsam verbrachten Zeit war? Ein wiederkehrendes Gelegenheitsverhältnis zwischen einer Reisenden und einem griechischen Frauenfischer. Oder wollte es hier und jetzt gerade etwas anderes werden, etwas, das den Schutzraum der Vorsicht, der Sorge um Herz und Seele verlassen durfte?

Verdammt, verdammt und herrjemine - ich wusste es gerade nicht, und so genoss ich den Moment, die Gunst der Stunde, den Zauber des Augenblicks, wie ich all unsere bisher gemeinsam verbrachten Zeiten genossen hatte. Ich nahm es für wahr, ohne mein Selbst zu verlassen. Ich fühlte die Liebe, das Warme, das Wunderbare, das Uns-Wollen, ohne dabei an für immer und auf ewig denken zu müssen. Mein gespeichertes, ja geradezu verinnerlichtes Wissen führte mich gut.

Verliebte Nächte sind ausdauernd. Die reine Schlafenszeit entsprechend gering. Der noch im Bett beginnende Kaffeekonsum - erhöht. Das kleine Frühstück bei weit geöffneter Balkontür - schweigsam lächelnd. Da wollten uns beiden zwei zusätzliche Stunden Morgenschlaf wohl gefallen.

Auf dem Weg zum Hafen kauften wir ein wenig Proviant, zuvor in der Apotheke am Platanen-Platz eine Antischlechtmedizin und ein paar Reisekaugummis. Wir hatten für warme und kühle Momente alles dabei. Vor dem Ankleiden hatte ich mich zum Schutz gegen Sonnenbrand von Kopf bis Fuß mit einer hochprozentigen Sonnenmilch eingecremt.

Als der Hafenbereich in Sicht kam, sahen wir Strátis in kleiner Ferne auf seinem Boot werkeln. Als er uns kommen sah, formte sich sein Mund zu einem breiten Lachen. Er hob beide Arme für ein freudiges Winken, reichte mir für den Bootseinstieg eine helfende Hand und hieß uns mit kühlem Raki willkommen.

„Ena raki before we go to sea?", fragte er.
„Raki is good for seasickness!", ergänzte Michāli.
„Né, gerne!", erwiderte ich lachend. „For health!"

„Einen Raki, bevor wir in See stechen?", fragte er.
„Raki ist gut gegen Seekrankheit!", ergänzte Michāli.
„Ja, gerne!", erwiderte ich lachend. „Für die Gesundheit!"

10.

Das Boot, gefühlte acht Meter lang und an die drei Meter breit. Viel Außenfläche, viel weiß gestrichenes Holz mit blauen, gelben und roten Applikationen. Das Steuerrad, dunkelbraun. Unterhalb der Steuerkajüte ein kuscheliger Schlaf- und Wohnbereich mit kleiner Küchenzeile. An Deck, hölzerne Sitzbänke mit karierten Polstern, weich und breit genug für ein, zwei oder auch drei dösende Gesellen. Dreißig Jahre mochte Strátis' Freizeitboot allemal auf dem Buckel haben.

„Elisabeth, if it can be that your stomach is rebelling,
place yourself in the middle of the boat.
It rocks the least there! And if you have to spit,
here is a bucket and a strap to tie."

Wie fürsorglich beide Männer doch waren. Sie meinten, mittelschiffs schaukele es am wenigsten und dass dort der beste Platz für einen ruhigen Magen sei. Würde sich das Wetter wider Erwarten ändern und ich doch spucken müssen, lägen dort Eimer und Riemen zum Angurten bereit. Hatte es doch schon Menschen gegeben, die bei aufkommender Seekrankheit, bei starkem Wind und Wellengang, aus Mangel an Kraft, Gleichgewicht und Körperbeherrschung über Bord geweht worden seien.

Der Himmel war wolkenlos blau,
das Meer friedlich, der Wind still.

Strátis und Micháli weilten männlich und froh in der Steuerkajüte. Micháli später dazu angelnd an des Bootes Heck. Elisabeth, wie ihr empfohlen, sicher sitzend oberhalb des Bootes Mittelpunkt. Divengleich, aufrecht angelehnt, mit blass gepuderter Nase und frisch nachgezogenen Lippen, entspannt, lächelnd schauend, im Auge des Zyklons. Kopf und Oberkörper im Schatten, den Fotoapparat auf dem Schoß, die Beine von kretischer Sonne beschienen.

Es war zum Schießen. Wir alle spielten unsere Rollen gut. Der Fischer war der Fischer, im doppelten Sinne - mich, die Diva, bereits am Haken, das erwartete Mittagsmahl mit der Angel anlockend. Der Bootseigner hielt das Steuer in der Hand, das Tempo gemäßigt, die Küste im Auge und mich, mittig platziert, unter Beobachtung. Erwähnenswertes wurde mir von ihm mit „look" als wiederkehrendes Wort am Anfang eines jeden Satzes zugerufen:

„Look ...!"
„Look Elisabeth ...!"
„Look - Ágì Aposíli!"
„Look - Iguaná Beach!"

Hier stoppte er das Boot. Er ließ den Anker von Bord ins Wasser gleiten. Wir waren nun 3 Seemeilen, also an die 5,55 Kilometer von Chaniá entfernt. Micháli gab neue Köder an seine inzwischen auf die Zahl fünf angewachsenen Angelhaken und meinte, dass die Chance auf Beute bei ankerndem Boot so besser sei. Strátis stieg in die Wohnkajüte hinunter, kam mit Schüssel, Messer und Brett, Tomaten, Gurke, Salat, Schafskäse und Oliven an Deck zurück, packte mir alles auf den kleinen Tisch neben meinem Mittelplatz und meinte:

„Elisabeth, boreíte ídi ..., you can already ..., du kannst schon mal ..., alles für den Salat schneiden - if you like!"

„She can not cook!", rief Micháli aus kleiner Entfernung dazu. „Sie kann nicht kochen!"

„Cutting tomates kay angouria is not cooking yet!"

„Stimmt!", meinte ich amüsiert dazu. „Tomaten und Gurken schneiden ist wahrlich noch kein Kochen!", und dass es, solange ich nicht für's Würzen zuständig sei, schon machbar und mit Sicherheit völlig ungefährlich sein würde.

„Écho éna! - Férte to díchty!",
rief Micháli plötzlich dazwischen.

Er hatte einen Fisch am Haken und gleich darauf am zweiten und dritten je einen weiteren. Er bat eindringlich um den Kescher. Er wusste, wie sie hießen, rief „Ómorfos!", „Megálos!" und „Thavmásia!" aus, war stolz wie Oskar, siebenjährig, von einem Ohr zum anderen lachend, uns und sich zur Freude.

„Schön!", „Groß!" und „Prächtig!" eben,
genau wie die Namen der von ihm gefangenen Fische.

„Ómorfos - schön!",
„Megálos - groß!" und
„Thavmásia - prächtig!

Die Jungs bereiteten die Fische vor und zu: ausgenommen, gesäubert, gewässert und trocken getupft. Kräuter, Gewürze und Gemüse in den Fisch und mit in die Alufolie hinein, und alle drei Pakete, fein säuberlich verschlossen, für geraume Zeit in den vorgeheizten Grillautomaten gegeben.

Der Salat wartete derweil auf seine Veredelung durch:

Elaióladi - Lemónie - Aláti - Pipéri - Rígani - Ménta.
Olivenöl - Zitrone - Salz - Pfeffer - Oregano - Pfefferminz.

11.

Iguaná Beach und Ágí Aposíli sind vom Meer aus betrachtet durch eine ovale Halbinsel getrennt. Ein idyllisches Plätzchen mit nur einem kleinen Gebäude, wenig Buschwerk und ein paar Schatten spendenden Bäumen. Der Boden felsig, steinig, mit farbigfrohem Blütenteppich. Beide Buchten einladend mit feinem Sandstrand und flach ansteigendem Wasser. Badende standen gerade mal bis zum Bauchnabel im Wasser, winkend, uns zulächelnd, einiges vom Wassersaum entfernt. An beiden Stränden, eine gemäßigte Anzahl Liegen mit Sonnenschutz, unweit dahinter, eine Strandbar mit Palmwedelschirmen.

Nach der feinen Speise, meinem Abwasch und dem Ruhen der beiden Herren ließ Strátis das Beiboot zu Wasser. Räuberleiter - nein - eine aus Tauen und Holzstreben gefertigte Stiege half uns aufs Boot. Micháli und Strátis ruderten rechts- und linksseitig im Wechsel. Ich saß auf der hinteren Bank und hielt das Steuerruder. Für zwei Bier und eine Cola light mit einem Schuss Rotwein mochten wir das wohl auf uns nehmen.

Wie hübsch das kleine Fischerboot vom Strand aus doch aussah. Der weiße Körper mit seinem roten Streifen kurz oberhalb der Wasserlinie, die blau gestrichene Reling und die gelbe Steuerkajüte. Dazu am Schiffsende die leicht zerfledderte, im Wind flatternde blau-weiß-gestreifte Flagge Griechenlands, meinem Sinnbild für Kreta.

„Kolýmno píso! - Ich schwimm zurück!", sagte Strátis. „To thélo ki egó! - Das möcht ich auch!", ich ihm, selbst von meinem Gesagten überrascht, zurück. Micháli machte große Augen: „Pragmatiká? - Wirklich?" Ich schaute auf. Haspelte unschlüssig: „Nee! - Né! - Ja! - Doch!" und ergänzte: „But only if you stay close to us with the boat, Micháli! - Aber nur, wenn du mit dem Boot in unserer Nähe bleibst!"

Er versprach es.

Im Allgemeinen sind große Gewässer und ich nicht unbedingt Freunde. Heiße Bäder, immer und ja, doch Meer ohne Bodenberührung - never - niemals! Dennoch wollte ich meiner spontan begeisterten Ansage nachkommen, nicht kneifen, nicht zurückziehen, nicht feige sein.

„When was the last time
you did something for the first time?"
„Wann hast du das letzte Mal
etwas zum ersten Mal getan?"

Hier war eine Chance dazu - also, Augen zu und durch. Wir gaben unsere Sachen zu Micháli ins Beiboot und machten uns, nur mit Badehose und Badeanzug bekleidet auf den Weg. Micháli ruderte langsam voraus, wir im Wechsel gehend, watend und schwimmend hinterher, bis unsere Füße den Meeresgrund nicht mehr ertasten konnten und uns nur noch das Schwimmen blieb.

„Micháli, stay close to us!", ermahnte ich ihn.
„I will do it for sure! I want to protect my baby!"

„Micháli, bleib in unserer Nähe!", ermahnte ich ihn.
„Das mach ich sicher! Will doch mein Baby beschützen!"

Genauso soll es sein - man, in diesem Falle ich, also Frau, überwindet mit Hilfe begleitender Sicherheitsmaßnahmen ihre gefühlte Angst. Schwimmt und schwimmt und schwimmt, sich beschützt fühlend, ruhig und entspannt, bis sie mit größter Freude ihr Ziel erreicht hat.

„Strátis, Micháli, I did it! - Ich hab es getan!"
„Bravo, kardiá mou - my heart - mein Herz, bravo!"
„And now you control the boat!", forderte Strátis mich auf.
„Und jetzt steuerst du das Boot!"
„Okay, but first champagne, a cup of coffee or an ice cream!"
„Gut, doch vorher Champagner, einen Kaffee oder ein Eis!"

Während Strátis den Kaffee bereitete, tüddelte ich mich steuerfraumäßig an. Premieren wollen gefeiert sein, da braucht es ein gutes Outfit mit entsprechender Gesichtsbemalung - Puder, Lippenstift, Kajal - was sonst?

Die Jungs servierten den Kaffee und führten mich während seines Genusses, immer gerne leicht aufziehend, in die Grundkenntnisse des Steuerns dieses von mir nun gleich zu lenkenden breitbauchigen, fröhlich bemalten, alten Fischkutters ein. Am Anfang waren meine Steuerradbewegungen zu ruckartig, zu übertrieben, zu wenig fein - das Boot entsprechend unruhig schwankend unterwegs. Nach vielleicht einer Seemeile, einskomma-acht-fünf-zwei Kilometern, glitt das Boot, wie unter Strátis' Führung zuvor, sanft durchs Wasser.

Nach dem Anlegen bedankte ich mich bei ihm für die wunderbare Seefahrt, für das gute Essen und für das durch ihn heute neu Erfahrene.

„Efcharistó polý, Strátis, for everything!", mit Umarmung und gegenseitigem Wangenkuss. „My pleasure! - Gern geschehen!", antwortete er und „We meet again tonight at ten in the musicbar at the Old Harbor! - Wir treffen uns am Abend um zehn in der Musicbar am Alten Hafen wieder!" „Yes! - Ja!", schloss Micháli sich an, „To make music and for dancing! - Zum Musizieren und Tanzen!"

Micháli und ich schlenderten zu unserem Schlafhaus, freuten uns über den gelungenen Tag, seinen guten Fang und meine Seetauglichkeit. Wir ruhten ein wenig aus, machten uns gegen acht abendfein und aus dem Haus, für unseren geplanten Gang über die Mole zum venezianischen Leuchtfeuer.

Zu dieser Stunde ist ein Spaziergang über die Mole zum alten Leuchtturm wahrlich romantisch. Der Blick von dort auf die Häuserzeile am alten Hafenbecken, traumhaft. Die Mole selbst, der Weg zum Turm, uneben. An einigen Stellen führen Stufen hinauf und wieder hinab. Zu Beginn gingen wir oberhalb der Kaimauer, später, für einen entspannteren Gang und um dem aufkommenden Wind zu entgehen, den weniger holperigen Weg unterhalb auf der Innenseite der Mole. So hatte ich den Häuserkranz am alten Hafen noch nie gesehen, auf Postkarten schon, doch im realen Erleben nicht. Wir gingen und schauten, ich fotografierte und staunte und genoss meine Zweisamkeit mit Micháli.

Umarmen, küssen, freuen, look this and look that and how beautiful - schau dies und schau das und wie schön. Wir gingen Arm in Arm, machten oberhalb der Kaimauer ein Päuschen mit baumelnden Beinen, einem Zigarettchen und einem Schluck aus Michális mitgeführtem Raki-Fläschchen. Mein Staunen über das wie von alters her mit brennenden Fackeln erhellte einundzwanzig Meter hohe Leuchtfeuer war groß. Sein Licht soll vom Meer aus, laut Micháli, bis an die sieben Seemeilen zu sehen sein. Sieben Seemeilen mal eins-komma-acht-fünf-zwei ergeben an die dreizehn Kilometer.

„Great!" - „Isn't it?" - „It is!"
„Großartig!" - „Nicht wahr?" - „Ja!"

Hand in Hand, mit romantischen Gefühlen, schlenderten wir den Weg zurück. Auf halber Strecke, ein weiteres Päuschen, dieses Mal auf einer der zur Kaimauer hinaufführenden Treppen. Verliebte hatten dort ihre Initialen in den Sandstein geritzt. B + O mit der Jahreszahl 1974. L + K mit 1990. E + G mit 1979. Andere, neueren Datums, weitere, reichlich verwittert, aus früheren Jahren. Herzen dazu. Lachende Gesichter. Blumen.

Michàli holte ein Messer hervor, setzte an und fragte: „Should I - soll ich?", was ich nur mit: „Aber ja - with pleasure - mit Vergnügen!", beantworten konnte. E + M mit 2013 und einer angedeuteten Katze. „Michàli ..., póso oraío - how nice - wie schön!" „Gía pánta - for ever - für immer!" „Ja", antwortete ich, „für den Moment für immer!" Die Steine würden diesen Moment in die Ewigkeit tragen, ihn bewahren, aufheben. Uns würde es geben, so lange es uns geben würde, so lange wir einander wollten.

12.

Eine Music-Bar im Kellergeschoss eines alten venezianischen Hauses, irgendwo im Nirgendwo zwischen dem Megálo Arsenáli und der Hasan-Pascha-Moschee. Die hölzerne Eingangstür, schwer. Ihre beiden Flügel, aufwendig verziert. Ein Flur, vier Türen, zwei zur Rechten, zwei zur Linken. Am Ende eine breite hinabführende Sandsteintreppe mit abgewetzten Stufen. Rechts- und linksseitig, oval geformte Handläufe. Darüber, zylindrische Leuchten, deren warmweißes Licht kegelförmig, gleichermaßen nach oben wie nach unten strahlte. Das Kellergewölbe, der eigentliche Bar-Raum, fantastisch! Der Boden, mit derben Holzdielen belegt. Über Jahre begangen, gewachst, gewienert und betanzt. Die Wände, die Gewölbedecke, aus unregelmäßig groben Sandsteinen, grau verfugt.

Dimmbare Fakellampen beleuchten Raum und Gewölbe. An den Wänden, kretische Saiteninstrumente - Banjo, Bouzouki, Gitarre, Laute und Lyra.

An rustikalen Holztischen, Bänke ohne Lehnen. Auf jeder Seite des Raumes fünf mit jeweils zwei Bankreihen für zwei beziehungsweise sechs Personen. Sechs Plätze plus zwei ergeben acht. Acht mal zehn Bankreihen bieten somit Platz für achtzig Gäste. Der Mittelgang zwischen den Tischreihen, großzügig. Als Micháli und ich die Bar betraten, waren an die zwanzig Plätze besetzt. Am Ende des Kellergewölbes, eine Bühne. Auf den Tischen, Windlichter, Wein- und Wassergläser, Karaffen und, locker verteilt, Erdnüsse. Aus Lautsprechern zur Untermalung, leise griechische Instrumentalklänge. Direkt an der Bühne saß Strátis auf einer der Sechserbänke, mit dem Rücken zu uns. Es war gegen zehn, kurz vor Beginn des Aufspielens der für den heutigen Abend angekündigten kretischen Musiker.

Strátis fragte, ob uns der Tisch recht sei, erzählte etwas über die drei Musiker, dass der Bouzoukispieler sein jüngerer Bruder sei, er selbst ebenfalls ein wenig Bouzouki spiele, es jedoch nie so besessen betrieben habe wie er. „He is great! - Er ist großartig!", sagte er mit sichtlichem Bruderstolz. „You will hear it! - Ihr werdet es hören!" Wir begrüßten einander, sagten: „There we are, kalispéra and né, a well chosen place for real! - Da sind wir, guten Abend und ja, ein wirklich gut gewählter Platz!"

Mit Beginn der Livemusik verdoppelte sich die Zahl der Gäste. Kellner sorgten für Getränke und weitere Knabbereien. Die ersten drei Musikstücke, eine Art Vorspiel zum Lauschen und Einstimmen, ruhig und leicht. Hier und da vernahm ich leises Summen. Vor dem vierten Stück forderte der Frontmann uns Gäste mit den Worten: „Kai tóra esý! - And now you! - Und jetzt ihr!" zum Mitsingen und Tanzen auf.

Für mich war das neu! Für einige der anderen touristischen Gäste ebenso. Ein Großteil der Einheimischen sang mit. Einige begaben sich zum gemeinsamen Tanz auf den Mittelgang. Sie tanzten in Reihe, sich gleichmäßig nach rechts und dann wieder nach links bewegend, oder im weiten ovalen Kreis. Dann und wann führten Einzelne spezielle Schrittfolgen aus, die gerne aufmunternd mit „Hóppa!" verstärkt oder anerkennend von Applaus begleitet wurden. Alles fügte sich wie automatisch ineinander. Auf dem Mittelgang war es durchgängig überschaubar. Zog sich einer der Tanzenden zurück, fügte sich ein anderer ohne Worte, wie selbstverständlich ein. Wiederkehrende Besucher schienen die Rituale, die Tänze und Lieder, den Habitus zu kennen. Sie sangen mit, bewegten sich meist fehlerfrei in verschiedenen Schrittfolgen und bestärkten einander in ihrer Perfektion.

„They dance and sing as if they had absorbed it with their mother's milk!" - „Sie tanzen und singen, als ob sie es mit der Muttermilch aufgesogen hätten!", brach es begeistert aus mir heraus, was Micháli und Strátis zeitgleich, fast gleichlautend mit folgenden Worten kommentierten:

> „For us Cretans it's normal. We usually start with it before we start school. Greek dance and greek singing is like eating and drinking for us, like sleeping and breathing, you know?"

> „Für uns Kreter ist das normal, wir beginnen damit meist schon, bevor wir eingeschult werden. Griechischer Tanz und griechischer Gesang ist für uns wie essen und trinken, wie schlafen und atmen, weißt du?"

Bisher wusste ich es nicht, doch nach diesem Abend und dieser Erläuterung war mir gar nichts anderes mehr vorstellbar. Es war so emotional und so verbindend, dass ich es mir in diesem Moment und noch weit darüber hinaus für sofort und immer auch für mich und mein angestammtes Heimatland wünschte.

Ich dachte an „Teach me to dance!", an Alexis Sorbas, an das Zusammenbrechen der Seilbahn, an den Einsturz des Stollens, den Schutt und die schwarze Wolke. An das Fortlaufen der Zaungäste und der Bergarbeiter, den funkelnden Gesichtsausdruck von Sorbas und den ungläubig, entsetzten seines Chefs. Alles war dahin. Alles Geld und alles Bangen, alles Hoffen, aller Erfolg. Und was macht Alexis Sorbas? Er ist fasziniert, er guckt und staunt und sagt: „Chef, hast du je etwas so wunderbar zusammenkrachen sehen?" Ungläubiges Schauen.

Der Chef begreift nicht. Er stutzt. Weiß nicht, ob er in Weinen oder Lachen ausbrechen möcht'. Pause. Stille. Ein Moment des Schweigens. Und dann: „Teach me to dance!" Wiederholende Worte aus seinem Mund: „Teach me to dance! - Lehre mich das Tanzen!" Fabelhaft, einfach nur fabelhaft!

Strátis und Micháli tanzten ihre Tänze, sangen ihre Lieder, die Lieder ihrer Insel, ihrer Heimat, waren schritt- und textsicher und mir, neben all den anderen Singenden und Tanzenden, Ohren- und Augenweide. Weit nach Mitternacht sollte es von allem genug sein. Micháli meinte, wie immer, wenn ihm etwas vorschwebte, was meiner Zustimmung bedurfte:

„Théloume? - Do you want? - Wollen wir?"

Dieses Mal galt die Frage dem Segelstreichen, dem Beendenwollen des illustren Abendvergnügens. Wir stiegen die Treppe hinauf, traten durch die knarrende alte Holztür ins Freie, folgten dem vom Halbmond beschienenen gepflasterten Weg am Hafenbecken, verabschiedeten Strátis an seinem Boot und bewegten uns, nach mehrmaligem umdrehenden Winken, Schritt für Schritt über die sich vom Meer entfernende Straße auf Andréas' Haus zu.

Schon beim Betreten des Hausflures war klar, dass an unser beider Schlaf so bald nicht zu denken sein würde. „Théloume? - Do you want? - Wollen wir?" Natürlich wollte ich, aber bitte nicht gleich hier unten auf den ersten Stufen des Foyers oder ein paar Treppen höher in front of the second Eingangstür auf der zweiten Etage. Gleich dahinter wäre mir der neue Sisalteppich zu wenig hautfreundlich gewesen, und so sagte ich ihm:

„Micháli, wait until we have climbed the
stairs to heaven, that's what I prefer!"
„I understand - love in paradise!"
„Exactly - love in paradise!"
„Micháli, warte, bis wir die Treppe zum Himmel
überwunden haben, dort ist es mir am liebsten!"
„Ich verstehe - Liebe im Paradies!"
„Genau - Liebe im Paradies!"

So wurde das Schlafgemach unserer ersten Nacht das Schlafgemach unserer zweiten Nacht für ein weiteres Beisammensein inniger Zweisamkeit mit der darauf folgenden obligatorischen Zigarette danach und der darauf folgenden beinverschlungenen Nachtruhe.

13.

Dann und wann müssen, dürfen, ja, sollten solche Nächte, solche Abende, solche Tage sein. Ab und zu darf das Leben voll und überlaufend daherkommen, vor Glück und Begeisterung, von allem zu viel, im Übermaß, absolut maßlos, für den erneuten Genuss darauf folgender Ruhezeiten.

Was wäre das Eine ohne das Andere? Das Gegensätzliche ohne sein gegensätzliches Gegenteil? Nichts wäre es nicht. Alles hat auch ohne die Kehrseite der Medaille eine eigene Bedeutung, einen eigenen Wert. Doch scheint mir die Wertigkeit von allem gefühlt um einiges höher, wenn wir den Wechsel leben, erleben können und dürfen.

Die Ruhe vor dem Sturm. Das Laute und das Leise. Der Hunger, das Wenige im Wechsel mit der Fülle. Das Alleinsein im Vergleich zur Zweisamkeit und dem Gefühl in einer Gruppe zu sein. Oftmals fördert das eine Extrem das Wohlgefühl im anderen, insbesondere in der Wertschätzung des Besseren.

Mein Ladenleben ist mir vielleicht nur darum so wenig anstrengend, so durchgängig lustvoll und schön, weil sich all mein Tun dort in ständigem Wechsel befindet. Ich geh in den Laden hinunter, schalte die Beleuchtung ein, die Kaffeemaschine und das Laptop. Während die Maschinen warm laufen, öffne ich die Ladentür. Was hinaus soll, kommt vor die Tür. Während der erste Kaffee in meinen Becher läuft, bringe ich den CD-Spieler zum Klingen. Ich süße den Kaffee, begebe mich mit ihm an meinen angestammten Platz im vorderen Bereich der Buchhandlung, nehme den ersten Schluck, schaue aus dem Fenster, dann auf den Bildschirm meines Laptops. Ich ordne das vom Vortag Liegengebliebene, checke meine Mails und beantworte sie gegebenenfalls.

Kommen Kunden in den Laden, plaudern wir ein wenig. Sie äußern ihre Wünsche. Kann ich helfen, empfehle und verkaufe ich ihnen etwas. Haben sie darüber hinaus Zeit, serviere ich ihnen, so sie mögen, einen Kaffee. Zwischen alledem bin ich mit Sicherheit schon einige Male durch den Laden gestromert, Dinge zu richten, zu ordnen oder sie von hier nach dort an ihre eigentlichen Plätze zurückzutragen. Irgendetwas ist immer in meinen Händen. Irgendetwas kann immer noch einen Tick besser.

„Elisabeth, hast du noch von den kleinen Herrnhuter Sternen?"
„Ich brauch etwas für eine Frau, die ich kaum kenne!"
„Letztens sah ich bei dir im Fenster ... , hast du das noch?"
„Ich nehme für meine Tante eins dieser Dreiecktücher!"
„Als Geschenk bitte! Kann ich mit Karte bezahlen?"
„Hast du das neu?" „Zeig mal!" „Ja, letzte Woche, brandneu!"

Liebgewonnene Rituale
unterteilen meine wöchentlichen Ladenverweilzeiten:

Rainer erscheint an Montagen am späten Vormittag zum philosophischen Gedankentausch bei ungeschäumtem Milchkaffee. Gegen Mittag gönn ich mir eine meinen Hunger stillende Speise. An einem der Vormittage kommt Nina nach ihrem wöchentlichen Lebensmitteleinkauf für ein Päuschen mit Bananen gegen Milchkaffee zu mir. An anderen Tagen sehe ich Ulli beim Blick aus dem Fenster über den Rasen schlendern. Ich freu ich mich auf unseren gemeinsamen Kaffeeplausch. Gerhard legt mir nach jedem seiner Kaffeebesuche ein Zwei-Euro-Stück für seinen vorletzten Kaffee unter meine Papiere. Finde ich es, muss ich schmunzeln. Er macht es, um alle Zeit einen Grund für sein Wiederkommen zu haben. Wilhelm nimmt alle vier Wochen einen Durchreise-Kaffee bei mir. Seit dem Lesen meiner Bücher gehen uns die Themen nicht aus. Wir tauschen Lebensweisheiten, bestätigen uns und lernen voneinander.

Privates und Geschäftliches wechseln im Minutentakt und sind oftmals kaum voneinander zu unterscheiden. Die Nachmittage plätschern dahin, vergehen wie im Fluge, fordern mein Können und mein Talent, aus allem das Beste zu machen. Kirstin, Martina, Antje und Doris finden sich zum Feierabendkaffee bei mir ein. Habe ich noch Gesprächsbedarf, setze ich mich dazu, wenn nicht, tüddele ich anderweitig herum.

Ein später Kunde springt in den Laden:

„Elisabeth, mien Froo sammelt disse Tassen
van Green Gate, weetst ja woll!
Wullt du mi noch gau een
Goodschien dorför torechtmoken?"

„Elisabeth, meine Frau sammelt diese Tassen
von Green Gate, weißt ja wohl!
Magst du mir noch schnell einen
Gutschein dafür fertig machen?"

„Geern!", sech ik denn,
„mok ik - wullt' di eben hensetten?"
„Gerne!", sage ich dann,
„mach ich - willst' dich eben setzen?"

Danach hole ich die am Morgen rausgestellten Sachen wieder ins Haus, lösche die Lichter, sage den Mädels: "Vorne is zu und die Letzte schließt ab!" und verabschiede mich für einen meiner gemütlichen Schreib- und Fernsehabende nach oben in mein Wohlfühlbett. Sie wissen, dass ich pünktlich vor meine Serie muss, vor meinen „Sturm der Liebe" mit seinem Fürstenhof und all seinen mehr oder weniger liebesverwirrten Menschen. Sie wissen, dass mich dieses Possenspiel zwischen Tag und Abend ungemein entspannt. Und sie wissen, dass sie noch bleiben dürfen und dass sie nach ihrem Aufbruch die Tür des Lieferanteneingangs gewissenhaft ins Schloss ziehen müssen - jaaa, sie wissen das!

14.

Ein guter Schlaf, ein freundlicher Morgen, ein neuer Tag. Als wir erwachten, stand die Sonne hoch am Himmel. Von Norden her wehte ein leichter Wind durch die geöffneten Balkontüren unseres Zimmers. Der erste Kaffee im Bett, der zweite - danach.

„What do you think, Micháli, can we finally get up now?"
„Was denkst du Micháli, können wir jetzt endgültig aufstehen?"

„I think so. Everything is done. Let's start the day!"
„Ich denke schon. Alles ist getan. Lass uns den Tag beginnen!"

Sind sich zwei in ihrem körperlichen Wollen einig, empfinden sie ihr dahingehendes Miteinander als selbstverständlich normal, können sie wunderbar humorig und offen damit umgehen.

Als wir den Busbahnhof erreichten, war es kurz nach zwölf. Wir wählten den Tisch an der Ecke, platzierten dort unser Gepäck und gingen, erst er, dann ich, unser Frühstück auswählen.

Ich liebe es, weit vor Abfahrt des Busses nach Chóra Sfakíon, rechtzeitig hier am Busbahnhof von Chánia vor Ort zu sein. Ich liebe das hier Sitzen, das Verweilen, das Schauen. Meinen wasserverdünnten Kaffee, die dazu gewählte süße Morgenspeise, das Wiedererkennen mir schon begegneter Gesichter. Manchmal erkenne ich den ganzen Menschen, mit unserem gesamten Wann und Wo, manchmal ist da nur der Hauch einer Erinnerung. Dann und wann ist der Blick einseitig, ein andermal mit einem verbindenden Lächeln und ein ander-

andermal einhergehend mit dem beiderseitigen Bedürfnis, sich wiedererkennend herzlich in die Arme zu schließen.

„Liesel ...!" - „Franz ...!"

Franz und ich hatten uns vor einem Jahr nach einem Abstieg von Livanianá hinunter nach Loutró im Sífis bei Christina am letzten Pfeiler vor der Anlegestelle der großen Fähren kennengelernt. Etwas abgehetzt, die Fähre erreichen wollend, die uns dann ob ihrer halbstündigen Verspätung ein lebendig plauderndes Miteinander beschert hatte. Franz, Österreicher, an die 10 Jahre vor mir geboren, ewiger Kreta-Wanderer, mit Rucksack, Hut, kariertem Hemd, Wanderstock und von Hosenträgern gehaltenen Cordhosen, erinnerte sich an unsere damalige kurze, innige Begegnung, wie ich, gut.

„Liesel, dass ich dich hier seh' ...!" - Herrlich, oder?!

Bald vierzehn Uhr. Zeit für den Kauf unserer Bustickets.

„Dýo eisitíria gia to leoforeío stin Chóra Sfakíon!"
„Two tickets for the bus to Chóra Sfakíon!"
„Zwei Karten für den Bus nach Chóra Sfakíon!"

Wie sehr ich es doch immer wieder genießen kann, mich auf der hinteren Bank eines griechischen Überlandbusses zu wissen, entspannt sitzend, schauend, wiedererkennend, meinem Lieblingsziel Chóra Sfakíon näher kommend.

Micháli saß am Fenster, ich in seinem Arm daneben. Wir genossen unser vorerst letztes unbeobachtetes Beisammensein.

An der New Road, weiß und rosa blühende Oleander, später, frisch aufgeblühter gelber Ginster. Nach dem Abzweig in

KTEΛ
ΧΑΝΙΩΝ - ΡΕΘΥΜΝΟΥ
BUS STATION
COFFEES
FRESH ORANGE JUICE
REFRESHMENTS
Καφενείον
"ΣΤΑΘΜΟΣ"
ΑΠΟΣΤΟΛΑΚΗΣ
SNACKS
ICE CREAMS
TOAST

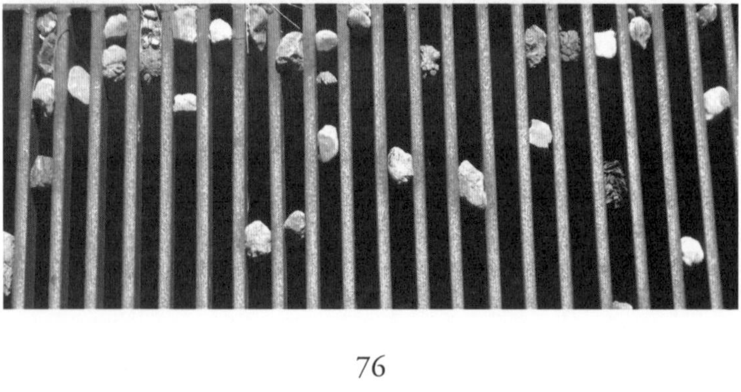

Vrises, dem kurzen Stopp dort am Bus-Café, die Fahrt durch die erst noch grüne, dann immer karger werdende kretische Bergwelt. Auf dem Weg Askífou, mit Marions „leckerer" Frühstückstaverne, Ímbros mit seinen beiden Ausflugslokalen und den Einstiegen in die gleichnamige Schlucht und, ein wenig abseits zur Linken, Komitádes mit seinem auffällig blau gefärbten Gewölbedach der im Dorf mittig erbauten Kirche. Der weite Blick aufs Libysche Meer, die letzten Serpentinen, trottende Schafe am Straßenrand. Unser Bus bog nach rechts, passierte die Chóra Sfakíon vorgelagerte Tankstelle, den gegenüberliegenden Steinbruch, die erste und zweite Taverne, das Ortsschild und Michális Stammlokal, das Mesohóri, in der vorletzten scharfen Kurve vor unserem Ziel.

Am Bus, eine letzte Umarmung mit Kuss, bevor wir wie gute Bekannte die steinerne Treppe zum Ort hinabstiegen. Michális erster Gang führte ihn zu seinem Schlafboot, dem Sfákia Express am neuen Hafenbecken, meiner mich die Uferpromenade hinauf zum Xenia mit meinem für die erste Nacht vorbestellten Zimmer Nummer 104. Georgos nahm mich in Empfang und in den Arm und fragte, wo Micháli denn sei.

„Micháli, who is Micháli? I never met a man whis that name! - Micháli, wer ist Micháli? Nie traf ich einen Mann mit diesem Namen!”

„I thought he is your boyfriend, with love and everything! - Ich dachte, er ist dein Freund, mit Liebe und allem!”

„Is he? Good that you tell me, good to know! - Ist er? Gut, dass du's mir erzählst, gut zu wissen!”

Ich schmunzelte. War dieser Banause also „my boyfriend with love and everything - mein Freund mit Liebe und allem”, zumindest für hier und jetzt in Georgos Kopf.

Eigentlich hatte ich auf dieser Reise von Beginn an mein Quartier auf der „Piccolo Mondo” aufschlagen wollen. Dass ich es tun würde, war klar, wann, zu diesem Zeitpunkt noch ein klein wenig ungewiss. Vorerst - hier und heute und jetzt - war mir mehr nach meinem vertrauten Zimmer im Xenia.

Bevor es dunkel wurde, wagte ich einen Gang zum neuen Hafen. „Einmal gucken wenigstens”, dachte ich, „und vielleicht anfassen oder sogar kurz aufs Boot.”

Die „Piccolo Mondo” lag mit der Kuchenbude, der Heckseite, zur Kaimauer. „Kuchenbude?”, hatte ich meinen Bruder verdutzt gefragt, als er diese Bezeichnung das erste Mal wie selbstverständlich in den Raum warf. „Ja”, hatte er geantwortet, „Kuchenbude!” Er erklärte mir, dass sein Segler ein Vorne und ein Hinten habe, einen Bug und ein Heck, dass das Boot vorne spitz zulaufe und an der rückwärtigen Seite gute zwei Meter breit sei. Normalerweise sei das Achterdeck, die Plicht, ohne Dach, dann hieße es einfach nur Plicht. Sei der Wetterschutz jedoch aufgebaut, würde die Plicht, das Achterdeck, zack peng zur Kuchenbude, dem Wohnraum des Bootes.

„Ja", sagte ich daraufhin, „aber warum Kuchenbude?" „Na", grinste er extra breit, wie eigentlich nur ich es kann, „weil es dort nach dem Aufbau zur Belohnung dann als erstes Kaffee und Kuchen gibt!" „Nee!", platzte es lachend aus mir heraus, was er mit einem humorigen „Doch, doch!" und „Glaub es nur!" grinsend untermauerte.

Lässt mir etwas keine Ruh, schaue ich im Netz bei Wikipedia:

Als **Kuchenbude** *wird auf (Sport-) Segelschiffen die Abdeckung der Plicht mit einer Persenning bezeichnet. Im Gegensatz zum Bimini (offenes Verdeck) umschließt die Kuchenbude ähnlich einem Zelt das gesamte Cockpit und schützt so auch vor Windeinflüssen. So entsteht ein zusätzlicher, je nach Schiffsgröße und Gegebenheiten unterschiedlich großer nutzbarer Raum, der nun abgeschottet von der Außenwelt vielfältig genutzt werden kann. Je nach Ausführung sind Fenster sowie Ein- und Ausstiege (z. B. durch Reißverschlüsse) vorhanden.*

Die Kuchenbude, das Achterdeck mit seinen Holzbänken, lag also Richtung Kaimauer. Der Abstand zwischen Boot und Mauer betrug an die hundert Zentimeter. Um aufs Boot zu gelangen, bräuchte es entweder eine Gangway oder den kühnen Sprung von der Kaimauer auf die rückwärtige Bank der Plicht. Die dort angebrachte Badeleiter dient einzig dem Einstieg ins Meer. Der Wasserspiegel war eher niedrig, der Höhenunterschied zwischen Kaimauer und Bootsbank entsprechend weit auseinander, so weit, dass ich mich absolut nicht hinauftraute - nicht an diesem späten Nachmittag und für diesen Moment dazu gefühlt - nie nicht! Dennoch blieb ich ein Weilchen. Sprach ruhig, vielleicht sogar bittend, mich selbst beruhigend, auf die „Piccolo Mondo" ein und sagte ihr, dass ich morgen wiederkäme, es erneut zu versuchen.

Vergleichende Bilder aus meiner Kindheit:

Ich bin in den Ferien für ein paar Tage bei Tante Regine und Onkel Hinni auf ihrer Landstelle in Poller. Hühner, Kaninchen, Gemüsegarten, Obstwiese, ein kleiner roter Trecker, zwei, drei Kühe. Später Nachmittag, wie gerade am Boot. Die Kühe mussten gemolken werden. „Wullt du mit? - Willst du mit?", fragte Tante Regine mich, was ich mit einem eindeutigen „Ja!" beantwortete. Sie ging aufs Land. Ich blieb auf dem Weg jenseits der Weide stehen. „Kumm man röver! - Komm ruhig rüber!", forderte sie mich auf. „Must blot mit de Wier uppaasen, dat du kien Slach krist! - Musst nur mit dem Weidedraht aufpassen, damit du keinen Stromschlag bekommst!" Ich stieg vorsichtig über den stromführenden Weidezaun, näherte mich der Kuh, die von Tante Regine gemolken wurde, und strich mit meiner flachen Kinderhand beruhigend auf ihrem schwarz-weiß gefleckten Fell hin und her. Die Kuh war völlig relaxt. Ich hatte mehr Schiss als Vaterlandsliebe und hernach eine arg beschmutzte Handinnenfläche.

„And, do you sleep on the boat tonight? - Und, schläfst du heute Nacht auf dem Boot?", fragte Micháli forschend, als ich ihm auf dem Rückweg begegnete.

„No, maybe tomorrow, or the day after tomorrow! - Nein, vielleicht morgen oder übermoren!"

„So we'll meet at Xenia for dinner at nine?, strahlte er. - Dann treffen wir uns zum Essen um neun beim Xenia?"

„Né, at nine at Xenia! - Ja, um neun im Xenia!"

Ein Klaps auf seinen Allerwertesten und weiter.

„Elisabetha!", kam es amüsiert-entsetzt aus seinem Mund.

Der männliche Teil in mir liebt das.

Im und am neuen Hafenbecken, die mir bekannten Boote:

Der Sfákia Express mit Michális zeitweisem Schlafplatz. My loveley old Delffíni - meine geliebte alte Delffíni, die Jahr für Jahr, Tag für Tag Sonnenhungrige zum Sweet-Water-Beach schippert, und nicht zu vergessen, die alte, schon ewig an Land weilende, kunstvoll aufgebockte Mary, in die ich einst all meine Wohnfantasien hineingedacht hatte.

In der Taverna Obrosgialos nahm ich meinen verspäteten Yaurti me Meli. Claudiu, Manoúsos und ich rauchten auf unsere Wiedersehensfreude eine Wiedersehensfreude-Zigarette. Der Joghurt des heutigen Tages, über und über mit kleingeschnittenen Apfelsinen-, Bananen- und Apfelstücken bedeckt. Ich schaute, ich genoss und notierte nebenher erste Fragmente in mein für diese Reise erwähltes blumenberanktes Kreta-Tagebuch.

Um neun saßen Micháli und ich an unserem Tisch auf der Terrasse des Xenia. Um zehn aßen wir, was wir an unserem ersten Abend immer aßen. Um elf weilten wir mit Freunden bei Wein, Wasser, Bier und Raki gesellig am alten Hafenbecken. Um zwölf genossen Micháli und ich unsere Gute-Nacht-Zigarette auf dem Balkon unseres Nachtquartiers. Eine Stunde später lagen wir, endlich schlafbereit, Rücken an Rücken, in unsere Bettlaken gehüllt, im Doppelbett unseres Zimmers mit der Nummer 104.

15.

Bevor ich mich am nächsten Vormittag erneut zu meines Bruders Boot aufmachte, erlaubte mir Georgos das Aushängen und Auslegen meiner Buchpostkarten. „Warrum nicht!", las er lachend mit rollendem R vor und ergänzte dazu: „For shure you can do it! - Natürlich kannst du das tun!" Er empfahl mir, gleich zehn davon nebeneinander an die Terrassen-Pinnwand zu heften und einen der Plexiglas-Aufsteller an der Rezeption damit zu befüllen.

„Georgos, you are so kind!" - „I am!"
„Georgos, du bist so freundlich!" - „Das bin ich!"

Hat Déspina Dienst, kann ich kaum an ihr und ihrem Café vorbei. Ich kann nicht und ich will nicht! „Elisabeth, my friend, you're back! Sit down, have a coffee, a cigarette and tell me! - Elisabeth, meine Freundin, du bist zurück! Setz dich auf einen Kaffee und eine Zigarette zu mir und erzähl!"

Umarmung mit Kuss auf die rechte und linke Wange, mich gesetzt, kurz gewartet, gemeinsam mit ihr einen Kaffee genossen und erzählt.

„What's this? - Was ist das?", fragte sie unvermittelt mit einem Fingerzeig auf meine Buchkarte. Ich grinste: „Did I tell you that I tried to write a book? - Erzählte ich dir, dass ich ein Buch schreiben wollte? I did it! - Ich hab's getan! It's finished! - Es ist fertig!", antwortete ich nicht ohne Stolz. „And these are the flyers to make it known! - Und dies sind die Werbekarten, es bekannt zu machen!" „Can I have some of them? - Kann ich einige davon haben?", fragte sie. „I will give them to German-speaking tourists! - Ich möchte sie deutschsprachigen Touristen geben!"

Wieder eine helfende Hand. Déspina empfahl mir dazu, den Flyer an der gekachelten Wand ihres kleinen Toilettenraumes gegenüber des Toilettenbeckens zu platzieren. „You know, people stay there for longer times! - Du weißt, die Leute verweilen dort länger!"

Die „Piccolo Mondo" lag ruhig an ihrem Ankerplatz im neuen Hafenbecken von Chóra Sfakíon. Für den erneuten Versuch, aufs Boot zu gelangen - für meine Traute, lag es immer noch zu weit von der Kaimauer entfernt, zu weit und mehr noch, zu tief. Damúlis hatte mich vom Diving-Center aus amüsiert beobachtet.

„Naaa Elisabetha, brauchst du meine Hilfe?"
„Unbedingt! Ich habe keine Ahnung,
wie ich aufs Boot kommen soll!"
„First a Coffee? Hinni erzählte mir,
dass du mich brauchen würdest!"
„Gerne und ja! - Zuerst einen Kaffee und dann deinen Rat!"

Am Boot zeigte er mir, wie ich an Deck gelangen könne. Er zog das Boot mit einem Tau heran, hüpfte hinauf und wieder herunter und wieder hinauf. „Toll", dachte ich und „es sieht bei ihm so einfach aus!" Ich versuchte es ihm gleich zu tun. Keine Chance! Er reichte mir die Hand. „Nee", sagte ich leicht verzweifelt, „das ist mir einfach zu tief, das krieg ich so nicht gebacken!" Kurzes Überlegen seinerseits. „Vorne am Bug ist das Boot 'ne Ecke höher. Ich dreh es dir um!"

Wie selbstverständlich Damúlis alles händelte. Er stieg aufs Boot, löste ein Seil hier, verlängerte ein anderes dort und befestigte ein drittes mittig an der rechten Bootsseite. Er schob. Er zog. Stand mit einem Bein auf dem Segler, mit dem anderen

Mondo

auf dem Nachbarboot. Langsam, fast wie von selbst, drehte sich die „Piccolo Mondo", bis sie mit der Bootsspitze, dem Bug, Richtung Kaimauer lag.

„Und ...", lächelte Damúlis mir entgegen,
„wollen wir's so noch mal versuchen?"
„Gerne!"

Er zeigte mir, wie ich das Boot heranziehen konnte, wo ich mich festhalten sollte, und wo auf keinen Fall. „Heranziehen, festhalten, den einen Fuß aufs Boot, den anderen von der Kaimauer lösen und schwupps biste drauf!" Erst er, dann ich mit seiner Hilfe, dann ich unter seiner Aufsicht alleine. Ein, zwei, drei Mal und gut! Er half mir, den schmalen Bereich zwischen Reling und Kajüte zu überwinden. „Die eine Hand hier, die andere dort, die Füße so, dann ist's ganz einfach!" - „So?" - „Ja, so - reine Gewohnheit!" Nachdem er mir den Trick mit der Luke und das Öffnen der Kajütentür erklärt und vorgeführt hatte, empfahl er mir, ein wenig zu verweilen, mich an das Schwanken und das Sein an Bord zu gewöhnen.

„Guck mal, wie es sich für dich anfühlt,
und wenn du dich beim Runtersteigen nicht recht traust,
ruf mich, dann komm ich dich retten!"

„Gut zu wissen! Danke Damúlis, danke vielmals!"

Welch ein wunderbar fürsorglicher junger Mann.

Ich inspizierte die Kajüte - den Wohnbereich, das Bad, die Schlafmöglichkeiten. Setzte mich an den Ess- und Verweiltisch. Betrachtete die Küchenzeile. Öffnete Schränke, Fächer und Schubladen. Ich schaute durch die schmalen Kajütenfenster aufs Nachbarboot Richtung Diving-Center, zur Tür hinaus auf die Bänke der Kuchenbude, hinüber bis zur anderen Seite des neuen Hafenbeckens mit den dort ankernden Fischerbooten. Ich probierte die Schlafkojen - die doppelte hinterm Bad am Ende der Kajüte, eine der einzelnen gleich neben dem Einstieg ins Bootsinnere und die zum Doppelbett umgebaute Sitzecke gegenüber der Küchenzeile.

Ein schöner Ort. Ein heimeliges Plätzchen. Ein Raum für geborgenes, beschütztes, kuscheliges Verweilen. Hier wollte es mir wohl gefallen. Nach vielleicht einer Stunde mahnte mich mein leicht flauer Magen zum Aufbruch. Ich nahm eine meiner Antischlechttabletten, verwandelte die doppelte Schlafstätte zurück in Bank, Tisch und Bank, nahm mein kleines Hab und

Gut, verriegelte die Kajütentür, zog die Luke dicht, setzte mich noch für einen Moment mit Blick auf Michális Wirkungsstätte auf eine der Kuchenbudenbänke im Außenbereich der „Piccolo Mondo" und hangelte mich über die schmale Stelle zwischen Kajüte und Reling zurück aufs Vorderdeck.

Es prickelte in meinem Glücksspeicher. Mein Mund formte sich zu einem inneren wie äußeren Grinsen. Ich fühlte Kindheit, Schelmenhaftigkeit, Abenteuerlust. Fühlte mich mutig, frei und großartig. Ich hatte mit Damúlis' Hilfe mein Bangen überwunden, mein Das-krieg-ich-nie-und-nimmer-Hin. War nicht schlimm gewesen, nur schlimm gedacht und jetzt im Nachhinein gar geradezu einfach leicht. Der gefühlte Unterschied - immens, bemerkenswert, befreiend!

„Alter Schisser!", dachte ich und
„Nun musst du nur noch wieder runter vom Boot!"

Ich stand mit festem Tritt an des Bootes Spitze. Vor mir, zwischen der rechts- und linksseiten Reling, ein zwei Fuß breites Brett. Davor die Kaimauer, daran befestigt ein großer, als Puffer gedachter ausgedienter Traktorreifen. Zwischen Boot und Kaimauer, ein an einer Schelle befestigtes durchhängendes Tau. Mit Hilfe des Taus zog ich die „Piccolo Mondo" sachte in Richtung Kaimauer, bis sich Boot und Treckerreifen berührten.

„Rüber? - Nee, lieber doch noch nicht!"

Boot und Kaimauer entfernten sich wieder voneinander. Ich zog erneut am Tau, versuchte es nochmal und nochmal, bis die letzte Unsicherheit dahin war.

„Leichtsinn hat sich noch nie ausgezahlt! Mach immer nur so schnell, so weit und so viel du kannst! Und dreimal ist Ostfriesenrecht! Genau! Aber jetzt! - Okay!"

Ich setzte meinen linken Fuß auf die zweifach breite Holzplatte, zog das Boot Richtung Kaimauer, meldete dem rechten Fuß samt Bein Bereitschaft und zog ihn dann, kurz vor dem Zusammenprall, von Bootsspitze und Puffer, landebereit bis über den Rand der Kaimauer vor - abgestoßen, hoppla, rüber und drüben!

„Ein kleiner Schritt für einen Menschen - ein großer Schritt für die Menschheit!", ging mir dabei durch den Kopf, wohl wissend, dass diese von Neil Amstrong gemachte Aussage, als er im Juli 1969 als erster Mensch die Oberfläche des Mondes betrat, so überhaupt nicht mit der Welt-Wichtigkeit meines hier gerade vollbrachten Hoppla-hopp-Schrittes zusammenpasste.

Das Überwinden eigener Grenzen - ein guuutes Gefühl!

Damúlis hatte mich aus kleiner Ferne beobachtet. Er grinste. Freute sich mit mir. Ich lief beglückt auf ihn zu. Hüpfte, lachte, bog mich vor Freude. Er breitete die Arme aus, drückte mich fest und fragte:

„Und - nun ein Sektchen?"
„Ja", erwiderte ich, „ein Sektchen, auf die Überwindung vermeintlicher Grenzen und zur Feier des Augenblicks!"

„Auf dich!" - „Auf dich!" - „Auf uns!"
„Gut - und morgen komme ich ganz!"

16.

Wir würden uns gewöhnen, der kleine Wellengang und ich. Mein Gleichgewichtssinn würde das Schwanken des Bootes ausgleichen lernen, der Schwindel, das flaue Gefühl in der Magengegend damit verschwinden. Hoffen ist erlaubt, wünschen hilfreich, die richtige Medizin zur rechten Zeit vorbeugend einzunehmen, ratsam.

„Sei klug und halte dich an Wunder ...", fiel mir dazu ein.

Ein Gedankenspiel, ein Gedicht, aus dem gleichnamigen Buch von Mascha Koléko. Ich hoffe gerne auf alles, was sich gut fügt. Sorge dich nicht. Das wird schon. Alles kommt, wie es kommt. Alles ist, wie es ist. Der Sinn des Lebens ist Leben. Nicht mehr, nicht weniger.

Der Glaube an Fügung, an Vorherbestimmtes, dass alles im Leben einem festgelegten Plan folgt, ist ebenso wenig in der Favoritenliste meines Denkens notiert wie auf der der wahrscheinlichen Unwahrscheinlichkeiten. Alles, was je gesagt, behauptet, widerlegt oder bestritten wurde, gehört für mich auf die Liste möglicher Möglichkeiten, ungeachtet dessen, was ich selbst dazu denke oder was ich wirklich darüber weiß.

- Das gibt es nicht.
- Das kann nicht sein.
- Das glaube ich nicht.
- Hab nie davon gehört.

Egal, das meiste bleibt für mich
dennoch im großen Bereich der Möglichkeiten.

Ich begab mich für einen Salat auf die Terrasse des Delfíni. Cátalin hatte Dienst. Brahím würde zur Abendschicht dazukommen. Ich wählte einen Tisch in der späten Nachmittagssonne. Am Nachbartisch saß Arne, ein in Norwegen lebender Däne mit guten Deutschkenntnissen. Als ich um die Ausleihe des auf seinem Tisch stehenden Glasaschers bat, kamen wir ins Plaudern. Er überlegte, ob er nach Plákias weiterreisen solle, fragte, ob ich Plákias kenne, je dagewesen sei, ihm etwas darüber sagen könne. Ich konnte. Erzählte ihm mein Für und Wider, wie ich es im ersten meiner Bücher beschrieben habe, und dass ich wieder hinwolle, um das Drumherum zu erforschen, meine Sicht auf Plákias zu bessern.

„Wenn du von hier nach Plákias reisen willst, mach es langsam. Nimm es als Ziel und streife die dazwischenliegenden Orte." Ich fragte, ob er zu Fuß, mit dem Bus oder mit dem Auto unterwegs sei. Für die nächsten zwei Wochen habe er einen Wagen. „Na", sagte ich, „dann bist du doch wunderbar frei, mit allen Möglichkeiten, nach deinem Tempo und deinen Bedürfnissen zu reisen."

In der Früh sei er in Anópoli gewesen, am Dorfplatz, und oberhalb davon an einer kleinen weißen Kirche mit Blick auf einen scheinbar ohne Straßen in einer Bucht liegenden Ort. „Loutró!", sagte ich und dass sich der Weg dorthin lohne. Von Chóra Sfakíon zum Sweet-Water-Beach weiter nach Loutró. Den Ort einatmen, das Treiben, die abendliche Stimmung dort genießen, nächtigen und am nächsten Morgen weiter. „Meinst du?" - „Ja, mein ich. Wenn du schon hier bist, sei es richtig! Erlaufe dir die Gegend, bis Ágia Rouméli, und dann mit der Fähre zurück. Du wirst es lieben!" Ich schwärmte vom Old Fínix, dem Small Paradise, der Mármarabucht, der Aradena Gorge, von Livanianá mit der Tilmanschen Taverne und dem Verweilen in Ágia Rouméli.

„Zwei, drei Tage in der Gegend mit spontan gewählten Übernachtungsplätzen, mit der Fähre zurück nach Chóra Sfakíon und dann mit dem Auto peu á peu gen Plákias."

„Klingt gut!" - „Is gut!"

Zwischenzeitlich betrat Micháli die Holzterrasse des Delfíni. Dieser Blick! „He Alter!", dachte ich. „Ich mach nix!" Er plauderte kurz mit Martina, der Delfíni Wirtin, verschwand mit ihr ins Taverneninnere und kam kurz darauf mit einer Flasche Amstel auf die Terrasse zurück. Ich lächelte ihm zu, ging ihm entgegen und bat ihn zu uns herüber, was er ohne Murren, böse Blicke und negative Gesten tat. War er sich meiner Aufmerksamkeit, meiner Zuneigung, seinem Alleinstellungsmerkmal sicher, konnte er es ohne Probleme so tun. Er drückte mir einen Kuss aufs Haupt, legte seinen Arm um meine Schulter und schritt mit mir zu unserem Tisch. Wir nahmen Arne gegenüber Platz. Micháli lächelte, legte seine Hand auf mein Knie und warf ein undefinierbares „What's going on? - Was ist hier los!" in den Raum.

„We talk about Crete, what else? Every traveler knows something that is unknown to the other, and so we know more and more with time. Micháli this is Arne from Norway. Arne this is Micháli, taxiboat driver in Chóra Sfakíon!"

„Wir sprechen über Kreta, was sonst? Jeder Reisende kennt etwas, was dem anderen noch unbekannt ist, und so wisssen wir mit der Zeit mehr und mehr. Micháli, das ist Arne aus Norwegen. Arne, das ist Micháli, Taxibootfahrer in Chóra Sfakíon!"

Nachdem Arne sich entschlossen hatte, Plákias nach hinten zu verschieben, reservierte Micháli uns für den Abend bei Georgos einen Tisch für drei auf der Terrasse des Xenia und erkundigte sich dazu für Arne nach einem Zimmer für die kommende Nacht. Er erklärte ihm, wie er mit dem Wagen zum Parkplatz vom Xenia gelangen könne, und mutmaßte, dass er, Arne, das Auto sicher auch während seiner Wandertage dort stehen lassen könne.

„Take the room before and after your trip
and everything will be included, fíle mou!
We meet at nine for dinner, okay!"

„Nimm das Zimmer vor und nach deiner Wanderung,
dann wird alles inklusive sein, mein Freund!
Wir treffen uns um neun zum Abendessen, okay!"

Konnte Michάli helfen, half er. Konnte er etwas
vermitteln, vermittelte er. Fand er jemanden blöde,
fand er jemanden blöde, und fand er jemanden okay,
nannte er ihn „Fíle mou." - „Mein Freund."

17.

An diesem Abend ging es auf der Terrasse des Xenia gesellig zu. Die meisten der anwesenden Gäste kannten sich von früheren Aufenthalten hier. Evelyne und Christiane waren mit ihren Kindern und Enkeln angereist. Das Vietnamesische beider Frauen war in den Gesichtern der Töchter und Enkel kaum noch wiederzufinden. Die Optik-Gene der französischen Väter hatten sich eindeutig durchgesetzt. Verena und Georg, meine beiden Schweizer, waren ebenso wieder an Bord wie Ulli und Ralf mit ihrer aus Kreta stammenden Hündin Cora, und selbst die Münchner Herrenrunde vom letzten Herbst hatte sich wie alle anderen unverabredet erneut hier eingefunden. Einmal Kreta, immer Kreta, immer und immer wieder? An diesem Abend, im Frühjahr 2013, sah es ganz danach aus.

Micháli hatte nach unserer gemeinsamen Nacht, wie an jedem Morgen, zeitig das Zimmer verlassen. Als ich gegen zehn die Terrasse des Xenia betrat, saß er mit seinem Bruder Theo am Taxiboottisch. Arne ihnen mit einem letzten Kaffee wanderbereit gegenüber.

„Kaliméra Elisabetha, so early? - Guten Morgen Elisabeth, so früh?", grinste er. „Lach du nur! - Keep laughing!", entgegnete ich ihm in meinem deutschsprachigen Englisch. „Ein wenig mehr Schlaf würde auch dir guttun! - A little more sleep would be good for you too!"

Theo griff den Faden auf und meinte, dass Micháli in den letzten Tagen, seit ich zurück sei also, leidlich kaputt aussehe, arg übernächtigt irgendwie. „What else! - Was sonst!", lächelte ich dazu und dass sich das nach ein paar Nächten sicher legen würde. Ich nahm einen ersten und zweiten Kaffee, zahlte bei

Georgos das Zimmer, ging noch einmal ins selbige hinauf, duschte, wusch mir die Haare, packte mein Zeug und verließ um zwölf passgenau den gemieteten Raum.

Bevor ich mich auf den Weg zur „Piccolo Mondo" aufmachte, verweilte ich für ein, zwei, drei Stündchen an Michális Officetisch. Der Mann brauchte seinen Schlaf, ich Zeit für meine Tagebuchaufzeichnungen und einen Ort zur Weitergabe meiner Buchpostkarten. Das geht hier so einfach. Ich sitze da, ich schreibe und lausche den Stimmen der Taxibootschild-schauenden-Menschen. Höre ich fragende Sätze, biete ich meine Hilfe an. Komme ich dabei mit deutschsprachigen Reisenden ins Gespräch, frage ich, ob ich ihnen die Infokarte zu meinem ersten Kreta-Reisebuch mitgeben darf. Ich darf es meist. Möchte jemand einen Taxiboottransfer, gebe ich Micháli per Handy Bescheid. Der Weg vom Notbett für alle im Aphotíki, dem Rumpelraum an der Terrasse des Xenia, zur Taxiboot-Ablegestelle ist nicht weit.

Micháli hatte einen Auftrag. Ich bestellte mir mein Frühstück, einen Yaurti me Meli, der an diesem Tag mit Fráoules, Erdbeeren, belegt war. Als Micháli zurückkam, wollte ich mich zum Segler aufmachen. Micháli fragte, ob er mich hinüberfahren solle.

„Gerne!", sagte ich. Er küsste mich, nahm meinen Rucksack und sagte wortwörtlich: „Ich auch gerne!" mit anschließendem „Warrum nicht!", was mich geradezu entzückte.

Micháli setzte mich an einer der betonierten, weiß gestrichenen Stufen unweit der „Piccolo Mondo" ab, hob meinen Rucksack auf die Kaimauer und fragte, ob ich so klarkäme. Ich nickte, bedankte mich mit einem Kuss und einer Umarmung und ging, als er außer Sichtweite war, Richtung Boot. Mein Rucksack durfte schon mal in Schiffsnähe verweilen, angelehnt an einen der in die Kaimauer eingelassenen Eisenpfeiler. Mir war nach einem Sonnenplatz bei Damúlis am Diving-Center, mit Zitronenlimonade, einem Zigarettchen und einem Gewöhnungsmoment mit Blick auf mein Zuhause für die nächste und übernächste Zeit. Als vorausschauender Mensch nahm ich vorsichtshalber eine meiner Antischlechttabletten. Sollte mein Aufenthalt auf dem Boot nicht gelingen, möchte es bitte weder an meinem schwindelnden Gleichgewichtssinn noch an einem mulmigen Gefühl in der Magengegend liegen. Damúlis fragte, ob er mir mit dem Rucksack helfen solle, was ich lächelnd mit der Begründung meines Zuerst-selbst-versuchen-Wollens dankend ablehnte.

„Du weißt ...?" - „Ja, ich weiß ...!"

18.

Am Boot stieg ich, Damúlis Worte vom Vortag im Kopf - „Heranziehen, festhalten, den einen Fuß aufs Boot, den anderen von der Kaimauer lösen und schwupps biste drauf" - zuerst ohne Gepäck an Bord. Ich hangelte mich an der Kajüte vorbei zur Plicht, setzte mich auf eine der Holzbänke, schob die Luke zurück, öffnete die doppelflügelige Kajütentür, stieg ins Boot hinab und überlegte, welche Vorgehensfolge die klügste sei.

Dass ich mein Gepäck als erstes an Bord brächte, wäre vernünftig. Dass ich vor dem Dunkelwerden für Strom und Wasser gesorgt haben sollte, ebenso. Dass meine Koje vor dem Aufkommen meiner großen Müdigkeit gemütlich und schlafbereit hergerichtet sein würde, mir ein Bedürfnis.

Ich fing an, machte Pause und weiter.

Nach jedem Arbeitsschritt gönnte ich mir ein Verweilen auf einer der Holzbänke der Kuchenbude, dem Außenwohnbereich aus Plicht und schützendem Vorzelt am Heck des Seglers, deren Seitenwände ich gleich nach Besteigen des Schiffes geöffnet, hochgerollt und befestigt hatte.

Mein Bruder hatte nach der Überführung der „Piccolo Mondo" alles Wichtige, ihm zeitlich Mögliche an Bord hergerichtet. Bis auf die Feinheiten der inneren Optik war alles funktionsfähig angelegt. Solange ich mich nicht an technischem Gerät versuche, dürfe ich alles nach meinem Gutdünken ein- und umräumen. Gute Aussage, klare Ansage, ihren und meinen Bedürfnissen, Begabungen und Toleranzen entsprechend.

Als ich gerade mit dem Stromanschluss befasst war, kam Micháli zum Schauen, Prüfen und Besserwissen vorbei.

„He!", sagte ich, „Everything's well - I know that you know everything better here, and yet I want do it as my brother had described, written down and explained it to me. Micháli, if I can not manage it, I'll ask you!"

„He!", sagte ich, „Alles gut - ich weiß, dass du dich hier mit allem besser auskennst, und dennoch möchte ich es so machen, wie mein Bruder es mir beschrieben, aufgeschrieben und erklärt hat. Micháli, sollte ich es nicht hinbekommen, frage ich dich!"

Ups, war die Elisabeth da vielleicht wieder ein wenig zu eigensinnig, zu selbstdenkend und selbstwollend gewesen? Natürlich hätte sie ihn machen lassen können, zumindest in dieser Phase seines Helfenwollens. Vielleicht hätte er sogar recht gehabt, vielleicht wäre seine Vorgehensweise besser, schneller und klüger gewesen - vielleicht, vielleicht, vielleicht - wer weiß das schon?

Er nahm mein Ablehnen persönlich. Nahm es, als ob ich es ihm nicht zutraue. Dabei war das so gar nicht mein Beweggrund. Ich hatte es aus zweierlei Gründen nicht gewollt. Zum einen wollte ich mich langsam und alleine an alles herantasten, zum anderen den Erläuterungen und Hinweisen des Bootseigners, meines Bruders, folgen. Funktioniere dann etwas nicht, wäre Damúlis als Boots-Pate mein erster Ansprechpartner.

Nach meinem ersten „Nein!" war's vorbei. Ich wollte seinem „Do it as I tell you! - Mach es, wie ich es dir sage!" nicht folgen. Er wollte meine dazu gesagten Begründungen nicht hören. Und schwups war die Schieflage produziert. Der Vulkan spie

Rauch und Glut aus, schmetterte einen Funkenregen in die Atmosphäre und brauste dann wutentbrannt mittels seines Feuerofens und des üblichen Fingerzeigs von dannen. Mein Mund verzog sich leicht nach rechts. Meine Augen bewegten sich gen Himmel. Mein Kopf dachte: „Doof und blöd und verdammt!" und „Hätte ich klüger handeln können?" und „Nun ist es eh zu spät!"

Ich warf das Stromkabel aus der Vorderluke hinüber auf die Kaimauer, maß die erforderliche Länge zum Stromkasten, gab noch einen Meter hinzu, drehte es einige Male mit dem Anlegetau umeinander, wickelte es mit zwei, drei Schlingungen um den nächsten dort eingelassenen Eisenpfeiler, legte es mit je einer weiteren Umschlingung zum nächsten und nächsten und übernächsten Pfeiler und verband als letztes den Stecker mit der zum Ankerplatz gehörenden Steckdose.

Strom da? - Licht an? - Nein!

Ich probierte alle Sicherungsschalter durch. Klickte sie runter und wieder rauf und wieder runter und hoch und rauf, vom ersten über den nächsten und nächsten und übernächsten, bis ich durch eins der schmalen Kajütenfenster im Innern der „Piccolo Mondo" ein Leuchten wahrnahm. „Geschafft!", dachte ich. „Ganz alleine geschafft!" Der richtige Sicherungsschalter war gefunden! Mein „Häuschen" hatte Strom.

Ich dachte an Micháli. Fragte mich, ob er sich wohl wieder beruhigt haben mochte. Dachte: „Was soll's?" und „Egal!", und dass ich es beizeiten schon erfahren würde - und dass ich meinen Kram an Bord erst einmal fertig haben wollte, sollte und möchte.

Wasser, wie war das noch mit dem Wasser?

Ich erinnerte die dahingehenden Aussagen meines Bruders. Der Wasserspender befände sich auf halbem Wege zum Stromkasten. Wolle ich es bequem haben, könne ich einen der Schläuche aus der Vorderluke dort hinüberlegen und anschließen. „Bequem ist schön!", dachte ich, und so tat ich es nach seinen Hinweisen.

Als ich Micháli nach Fertigstellung meiner Strom- und Wasserversorgung einen Gruß sandte, antwortete er mit „FUCK YOU!", einer seiner liebsten Wutwortkombinationen, die ich mit einem entspannten in mich hineinlächelnden „LATER!" grinsend beantwortete.

„Stell dir vor, sie melden Krieg und keiner geht hin!",
fiel mir dazu ein: „In diesem Sinne ...!"

19.

Ich ließ das Herzelein in Ruhe. Gab ihm Raum, mir zu verzeihen, sich zu beruhigen und mich zu vermissen - und mir die Zeit auf dem Boot, meiner jetzigen Wohn- und Verweilstätte, anzukommen. Egal, was ich tue, egal, was sich bei mir verändert, egal, wie es mir geht. Räumen kehrt bei mir alles zum Besseren, und selbst, wenn es mir schon fast ausgezeichnet geht, geht es mir hernach immer noch einen Tick mehr gut.

Aus dem Wasserhahn der Küchenzeile floss nach vorherigem Gepruste und Geblubber nun kühles, klares Leitungswasser. Ich nutzte es zum Kühlen meiner Hände und Unterarme, zum Erfrischen meiner Augen und zum Abwischen aller mich umgebenden freien Flächen. Ich sortierte den Inhalt der Besteckschublade, stapelte Teller und Tassen nach Form und Größe, gab einige der Becher kopfüber mit in eines der Schubfächer, fand Töpfe und Pfannen, Eimer, Kummen, Besen, Wischlappen, Geschirrtücher und zwei verschlossene Tüten kretischen Zwiebacks. Nach dem Fund eines Tauchsieders und dem Bemerken eines Büschels kretischen Malotíra-Krautes bereitete ich mir einen Glücksgefühl bringenden Bergtee. Beim Aufkommen meines ersten Hungergefühls dachte ich: „Essen gehen?" und „Weiß nicht!" und „Zwieback is auch so lecker!" und „Möchte ich heute noch unter Leute?"

Irgendwie wollte ich an diesem Tag gar nichts mehr, weder unter Menschen noch irgendwo anders hin. „Höchstens ...", wenn ich's recht bedachte, „ohne viel Aufhebens kurz rüber zum Diving-Center." Ich warf mir meinen Gemütlichpulli über, prüfte mein Lippenrot und den Glanz meiner Nase, sah, dass beides ausreichend gut war, und verließ ohne jede Angst, barfuß und entspannt die leicht schwankenden Planken der „Piccolo Mondo".

Ich genoss die neue Leichtigkeit meines Bootaussteigens, schlenderte zu Damúlis hinüber, bat ihn um einen frisch gepressten Orangensaft, erwarb dazu eine Tüte Kartoffelchips und zwei Dosen Cola light und fragte vor seinem Aufbruch, ob die Tür des Toilettenraumes nachts verschlossen sei.

„Normalerweise schon", lächelte er,
„doch solange du, dein Bruder oder wer auch immer auf der ‚Piccolo Mondo' weilen, lassen wir den Schlüssel stecken."

Nachdem Damúlis Tür und Tor verschlossen hatte und sich mit: „Bis morgen!" und „Hab eine gute Nacht!" von mir verabschiedet hatte, genoss ich, ganz für mich, das Sein und Vergehen der blauen Stunde. Ich fragte mich, ob ich auf Kreta vordem je irgendwo so allein auf mich gestellt gewesen war - im Umkreis von vielleicht einem Kilometer ohne jede weitere Menschenseele.

Damúlis' Worte, dass man Träumen in ersten Nächten Glauben schenken dürfe und dass er mir dafür einen schönsten wünsche, gingen mir durch den Kopf. Ich überlegte, welch einen Traum ich mir erwählen sollte, welcher Inhalt mir ein willkommener, ein schönster wäre. Ich ließ meine Gedanken kreisen, dachte in unterschiedlichen Ebenen, in verschiedenen Größenverhältnissen, in allerlei Lebensbereiche hinein und kam zu dem Ergebnis, dass mir derzeit alles irgendwie gut erschien und dass ich den Inhalt meiner Träume somit gerne dem Himmel, dem Zufall oder ihrem eigenen Lauf überlassen wollte.

Zeit, mein Bett zu wählen.

Ich verteilte den Inhalt meines Rucksacks an die passenden Plätze. Meine Kleidung wollte hinter Schranktüren auf Bügel und Borde. Handtücher ins Bad. Kosmetika ins Waschbecken. Schreibzeug, Bücher und Laptop vorerst auf die Küchenzeile gegenüber meines bald entstehenden Schlafgemaches.

Fürs sitzende Verweilen, für die Katzenwäsche, fürs Schminken, Essen und Trinken würde mir die Kuchenbude reichen, fürs gemütlich zugedeckt sitzende oder liegende Sein, die zum Doppelbett umgebaute Essecke gegenüber der Küchenzeile.

Als alles gerichtet und ich halb sitzend eingekuschelt bei heimeliger Innenbootsbeleuchtung durch mein kleines rotes Laptop mit der Welt verbunden war, fühlte ich mich fast wie in meinem Bett, meinem Abendverweilplatz zu Hause. Einzig das Schwappen der Wellen, das dadurch leichte, andauernde Rollen und Schaukeln des Bootes, das grellgelbe Licht der Hafenbeleuchtung und das Wissen um den Ort meines Aufenthaltes machten den Unterschied.

„Wie einfach Glück doch zu buchstabieren ist!", dachte ich:

„ G - L - Ü - C - K "

Ganz einfach, egal wie der Rest der Welt sich hier
und heute auch zu mir verhalten mochte.

Vor dem Schlafengehen brauchte es für die schmalen Kajütenfenster gegen das grellgelb hereinscheinende Licht der Hafenbeleuchtung eine Verdunkelung. Ich schnitt ein dunkelblaues, dünngewaschenes Handtuch in sechs gleichlange schmale Enden und spannte sie mit Hilfe verknoteten Hutgummibandes um die vorgewölbten Fensterrahmen. Die Kajütentür stand weit offen. Angst war noch nie mein Begleiter, und so ließ ich sie auch am heutigen Abend außen vor. Ich genoss den leichten Wind auf meiner Haut, das leise Plätschern in meinen Ohren, das mich in den Schlaf wiegende Schaukeln des Bootskörpers.

Kurz vor Mitternacht ereilte mich die SMS meines Liebsten mit der Frage „ÓPOU EÍSAI ESÝ? - WO BIST DU?” Schlief ich nun schon, oder war ich noch ein wenig wach? So genau wusste ich das selbst nicht, und so entschied ich mich für den Schlaf, der gerade noch die Antwort: „SCHLAFEND AUF DEM BOOT - ASLEEP ON THE BOAT” und „KALINÍCHTA, KARDÍA MOU - GUTE NACHT, MEIN HERZ” zuließ.

20.

Am nächsten Morgen kam der Schatz mit frischen Brötchen und Kaffee zum Boot. Sein Herz ist gut, sein Männerstolz leicht verletzbar, sein Temperament fröhlich und aufbrausend, sein Harmoniebedürfnis groß, der Hang zum Nachtragendsein kurzlebig bis kaum vorhanden.

„I've been crazy yesterday!” - „You were!”
„I feel better now!” :-) :-) :-) „Me too!”

„Ich war gestern unmöglich!” - „Warst du!”
„Fühl mich jetzt besser!” - „Ich mich auch!”

Die Liebe ist ein herrlich Ding,
darf man sich selbst dabei nur nicht allzu sehr verlassen!

Die nächsten Tage lebte ich in wiederkehrenden Ritualen.

Ich nahm meinen ersten Kaffee im Diving-Center bei Damúlis, nutzte die Toilette dort, ging zurück aufs Boot, machte es, das Boot, tagesfein und mich dazu gleich mit. Am ersten Tag meines Bootlebens kaufte ich im kleinen Lebensmittelladen an der Hinterstraße Chóra Sfakíons ein paar Vorräte für alle Fälle und einen Dreiersatz leicht transparenter Plastikschüsseln in grün, gelb und orangerot mit welligen Rändern. Die große fürs Füßebaden und für kleine Wäschen, die mittlere als Behältnis für mein tägliches Hin und Her von der Kajüte aufs Achterdeck und zurück, die dritte für die Toilette an Bord fürs kleine Müssen in der Nacht.

Mein Morgenritual dauerte an die zwei Stunden. Wach werden, hinsetzen, Verdunkelung von den Fenstern. Kühles Wasser in die Augen und ins Gesicht. Im gemütlichen Bootsoutfit, mit kleiner Lippenbemalung, leicht gepuderter Nase und Sonnenbrille barfuß von Bord für den frühen Morgenkaffee bei Damúlis. War er nicht vor Ort, war es Ahmed, der junge Mann aus Marokko vom letzten Jahr, der sich hier im Diving-Center das Geld für sein angedachtes Lehrerstudium verdiente. Ich trank meinen Kaffee, schaute dem kleinen Treiben im und am neuen Hafenbecken und dem Tun von Ahmed bzw. Damúlis zu. Ging ich zurück an Bord, hieß es: „Échete mia oraía méra! - Have a nice day! - Hab einen schönen Tag!"

Die Kajüte war mein Gemütlich für den frühen Morgen und die Nacht. Die seitenhochgerollte Kuchenbude, meine Verweilstätte für die hungerfreien Vormittage und für Zeiten, in denen mir ausschließlich nach meiner eigenen Gesellschaft war. Hier konnte ich, wenn mir der Sinn danach stand, unfreundlich sein, missgelaunt, brummelig, ungeschminkt, gar unbekleidet, solange sich nicht eins der ein- oder ausfahrenden Boote dem Ankerplatz der „Piccolo Mondo" näherte.

Wie wir aus meinen bisherigen Erzählungen wissen, gehören die ersten der drei beschreibenden Adjektive eher nicht zu meinen Wesenszügen. Hätten sie es je getan, wären sie je mein gewesen, hätte ich sie mir abtrainiert. Lebenszeit ist kostbar, da möcht ich sie mir nicht mit solch unguten Gefühlen wertmindern.

In die mittleren meiner drei Plastikkummen hatte ich also mein Hin und Her gegeben, all das, was es fürs Herrichten einer mir gefallenen Optik brauchte. Zahnputzbecher, Zahnbürste, Zahncreme. Waschlappen, Gesichtshandtuch, Haarbürste. Sonnencreme, Abendcreme, Transparentpuder. Kajal und Lippenstift. Schuhputzzeug. Nagelschere. Nagellack und Entferner. Nähzeug, bestehend aus schwarzem Garn, Nadeln, Einfädler und einer kleinen Haarschneideschere. Dazu ein drehbarer Vergrößerungsspiegel, eine Pinzette, Papiertaschentücher und ein paar Kaugummis.

Appetit, Hunger, Lust auf Essen - mein alltäglicher Impulsgeber für den Aufbruch, für das Verlassen des Bootes. Zeit - mein Lesen, Schreiben oder anderweitiges sonniges Verweilen an Bord zu beenden. Zeit - meinen Tagesrucksack zu bestücken.

Zeit - mich zu einem meiner liebsten Mittags-Frühstücks-Lokale aufzumachen. Einmal zum Obrosgialos, ein andermal zu Déspina oder auf die Terrasse des Xenia. An zwei Vormittagen enterte Micháli die „Piccolo Mondo", nahm mich als Beute und entführte mich mit seinem Taxiboot zu einem Mittagsfrühstück nach Loutró.

Nach den Frühstücken verweilte ich meist ein, zwei Stunden, mit oder auch ohne Micháli an seinem Taxiboottisch vorm Xenia. Das Sein dort, die Kontakte mit anderen Reisenden waren mir hier, was mir meine Kundenkontakte zu Hause sind. Tagen ohne Gespräch, ohne kleine oder intensivere Gedankentausche, fehlt es an Fülle. Das Sattsein vom Einen weckt in mir den Wunsch aufs Gegenteil, intensiver Tageskontakt, die Sehnsucht nach abendlicher Ruhe, nach Gedankenreisen mit mir.

21.

An einem der Tage, ich hatte meinen Yaurti, meinen Joghurt, im Obrosgialos genossen, war Gottfried mir auf dem Weg zum Xenia von Déspina aus gefolgt. „Elisabeth", rief er dort bei Micháli angekommen, „was ist mit deinen Ohren?" - „Mit meinen Ohren?" - „Ja, mit deinen Ohren! Ich rufe und rufe deinen Namen und du hörst mich nicht!" - „Entschuldige, wo war ich nur mit meinen Gedanken?" - „Wohl bei deinem Liebsten, was?!" - „Gut möglich ... ." Ich drückte Micháli an mein Herz, umarmte daraufhin ihn, Gottfried, und sagte, „Schön, dich zu sehen!" Er und seine Gisela säßen mit Tochter und Schwiegersohn bei Déspina.

„Kommste mit? Würd euch gerne vorstellen!"

Gottfried, einiges über siebzig, fit wie 'n Turnschuh, begeisterter Kreta-Wanderer, ehemaliger Deutschlehrer aus Leipzig, mit unverkennbar sächsischem Akzent, fragte Micháli in seinem entsprechend gefärbten Englisch, ob er mich für eine Weile entführen dürfe:

„Micháli, may I abduct your sweetheart for a while?"
„Micháli, darf ich deinen Schatz für eine Weile entführen?"
„For a while it's okay", lachte er dazu, „but not for longer!"
„Für eine Weile ist es in Ordnung, aber nicht für länger!"

Gottfried nahm mich an die Hand und zog mich
spielerisch Richtung Déspina hinter sich her.

„Elisabeth, das ist meine Familie - Uta, Frank und Gisela!"
„Uta, Frank und Gisela, und das ist meine Elisabeth!"

Wie süß: „... meine Elisabeth!" Seine Gisela, er und ich hatten uns auf einer unserer vorherigen Reisen an der Fähre in Chóra Sfakíon kennengelernt, uns unbekannterweise lachend in die Augen geschaut und am folgenden Abend gemeinsam mit Micháli im Léfka Óri zu Abend gegessen. Wir hatten uns, ohne einander zu kennen, einfach so spontan gemocht. Mögen, wahre Herzlichkeit und aufrichtige Freude verbinden. Hier und heute bei Déspina plauderten wir an die zwei Stunden, mit- und durcheinander, über unsere Leben, ihre Wanderungen und, als ich ihnen meinen Buchflyer reichte, über mein Schreiben.

„Hast du es wirklich fertiggebracht?", fragte er.
„Ja, als E-Book ist es raus, und wenn's gut läuft, wird es

CITROËN

zum Herbst gedruckt werden. Bin geradezu aufgeregt!"
„Soll ich's dir vor dem Drucken noch mal Korrektur lesen?"

„Gerne!" - „Gerne?"

„Ja, wirklich gerne!", versicherte ich ihm,
„solange du es mir nicht versächselst."
„Verwas ...?", fragte Gottfried mit erstauntem Blick nach.
„Ver-säch-selst!", ich ihm silbendeutlich erklärend zurück.
„Du es mir nicht mit deinem sächsischen
Rechtschreibverständnis korrigierst!"
„Ah jaaa ...", überlegte er, lachte kurz auf und nahm mich
mit erhobenem Zeigefinger und den Worten
„Pass bloß auf!" in den Arm.

„Kennst du das Lied DIE WEISSEN TAUBEN SIND MÜDE?", fragte er daraufhin schmunzelnd, ohne erkennbaren Zusammenhang. „Ja", sagte ich, „Hans Hartz, neunzehnpaarundachtzig, wieso?" - „Ich sing dann immer DIE WEISSEN TAUBEN SIND MÖWEN mit, und dann denke ich an deine ostfriesische Heimat und somit auch an dich. - Ist das wohl schön?", fragte er dazu, was ich mit - „Ja!", einem kleinen Seufzer und „Das ist wohl wahrlich schön!" beantwortete.

22.

Kürzlich meinte ein Freund: „Rituale sind die kleinen Schwestern vom Glück." Sie seien so beruhigend, so haltgebend, so verlässlich, das Leben so leicht machend. Wenn ich jetzt darüber nachdenke, kann ich das nur bestätigen. Rituale sind etwas Wunderbares.

Auf der Außenterrasse des Cafés Déspina gibt es einen Tisch, der irgendwie nicht so recht zu den anderen dazugehört. Er steht am äußeren linken Rand, am Geländer, direkt neben der zum Strand hinabführenden Steintreppe.

Verbrachte ich den kompletten Tag in Chóra Sfakíon, wählte ich diesen Tisch gerne für nachmittägliche Verweilzeiten, in denen ich gleichzeitig unter Menschen und für mich sein wollte. Ich setzte mich stets mit dem Rücken zur Treppe, mit Blick über die Café-Terrasse, die Uferpromenade bis zur Durchreiche des Café-Innenraumes auf der einen Seite und dem Blick hinunter zum Strand, aufs Meer, das Xenia mit Michális Taxiboottisch und dem alten Hafenbecken auf der anderen. Ich saß dort, genoss meine Schreib- und Lesephasen, das Beobachten von allem, das Aus- und Einfahren der kleinen Boote und, wenn ich es wollte und es sich ergab, den Gedankentausch mit anderen Reisenden.

War auf der Terrasse mehr Betrieb, als Déspina stressfrei bewältigen konnte, räumte ich das benutzte Geschirr von den Tischen. Kam sie mit dem Austragen von Kaffee und Kuchen nicht nach, winkte sie mich herbei, es ihr abzunehmen. Als ewig Selbstständige legst du selbstständiges Denken nicht ab. Ich sah und registrierte alles, wusste, wann ich hilfreich eingreifen durfte und wann ich mich zurücknehmen sollte.

Wurde ein Tisch frei, bereitete ich ihn, in der Art wie Déspina es liebte, für neue Gäste vor. In einer ihrer kleinen Pausenmomente dankte sie mir, sagte, dass ich doch eigentlich for holiday hier sei, zum Ferien machen, was ich mit:

„Déspina, four weeks holiday without any work, is not mine. When I'm here, ask me for help, I like to do it. And if I do too much, say ‚Stop Elisabetha', and I will stop."

„For real?" - „For real!"

„Déspina, vier Wochen Ferien ohne jede Arbeit, sind nicht meins. Wenn ich hier bin und dir helfen kann, sag es, ich mache das gerne. Und wenn ich zu viel mache, sag einfach ‚Stopp' und ich höre auf." - „Wirklich?" - „Ja, wirklich!"

Dazu ermunterte sie mich zum Bekanntmachen meines Buches, „For making your book known!", immer eine meiner Buchpostkarten mit auf die frisch hergerichteten Tische zu legen.

Dann und wann fragte einer der Gäste, ob ich die Buchschreiberin sei, was ich gerne mit „Ja" beantwortete. Dann und wann kam ich darüber hinaus mit einzelnen über Kreta, insbesondere dem Süd-Westen und die Sfákia ins Schwärmen. Und dann und wann lud sich einer meiner Gesprächspartner mein ‚Warrum nicht!' schwuppdiwupp auf sein Kindle, ohne es vorher zur Probe gelesen zu haben. „Einfach so?", fragte ich dann. „Ja, einfach so! Ist dein Schreiben wie du, werde ich es mögen."

Fuhr Micháli mit dem Taxiboot hinaus, hob er die Hand zum Gruße. Schaute ich gerade nicht, ertönte ein quiekendes Hupen, bis er sich meiner Aufmerksamkeit gewiss war. Nicht immer, aber immer mal wieder. Querte er in diesen Zeiten mit

seiner Porsche-Mechanáki die Uferpromenade, rief er: „Jássu Elisabetha!", mit der Ansage, wann und wo er mich am Abend zum Essen erwarte.

„At nine at Xenia! - Um neun am Xenia!" oder
„At nine at Léfka Óri! - Um neun am Léfka Óri!"

23.

An einem der Nachmittage kehrte Hans bei Déspina ein. Er kam direkt zu meinem Tisch: „Darf ich?" - „Gerne!" Wir hatten uns einst oben in Livanianá bei Tilman kennengelernt. Ich wollte gerade zu Fuß zurück nach Loutró wandern, er noch ein wenig verweilen, um dann mit dem Wagen hinunter nach Chóra Sfakíon zu fahren. „Ha!", hatte ich damals spontan ausgerufen. „Das ist auch mein heutiges Ziel!". Und er: „Dann lass uns doch nachher gemeinsam fahren!" Wir hatten uns auf halbem Wege in Anópoli ein Abendessen gegönnt, uns gut unterhalten und uns am Ende umarmend mit „Bis vielleicht auf irgendwann einmal" voneinander verabschiedet.

Nun war es also da, unser Irgendwann von damals. Nach dem üblichen, wie es uns inzwischen ergangen sei, und den darauf stichwortartigen Antworten, wechselten wir ins Heute.

„Biste wieder alleine unterwegs? Weiterhin mit Micháli verbandelt? Und neugierig auf neue Orte und Wege?" - „Ja, für alles ja!", lächelte ich und fragte dazu, was er denn vorhabe.

Er wolle am Sonntag Richtung Frangokastéllo fahren. Ein wenig an alten Plätzen verweilen, die er gerne mit seiner vor zwei Jahren verstorbenen Frau aufgesucht hatte. „Das ist gut", sagte ich, „man muss Verlorenem begegnen lernen, es betrauern, sich liebevoll erinnern, es dankbar verwahren und dann, ohne Vergangenes vergessen zu müssen, für sich nach vorne leben."

„Woher weißt du?", fragte er. „Hab's, wenn auch anders, selbst erlebt und erlernen müssen oder im nachhinein gar erlernen dürfen!" - „Du bist schlau!" - „Meinst du?" - „Ja, du bist schlau!" Ich legte meine Hand auf die seine, drückte sie leicht, lächelte ihn an und meinte: „Jaaa, manchmal bin ich das wohl!" - „Elisabeth, magst du mich am Sonntag nicht begleiten? Dann kann ich dir erzählen!"

„Hm ... ." Am Sonntag kämen mein Bruder und seine Frau am späten Nachmittag nach Chóra Sfakíon, da wollt ich vor Ort sein, sie in Empfang zu nehmen. Auf der anderen Seite wollte ich Hans auch gerne auf seiner Erinnerungstour begleiten, was, wenn wir früh genug aufbrächen und entsprechend rechtzeitig zurück wären, beides machbar sein würde.

„Gut", sagte er freudig,
„dann starten wir früh, um rechtzeitig zurück zu sein."
„Am Sonntag gegen 10 Uhr bei Damúlis am Diving-Center?"
„Oder am Sonntag gegen 10 Uhr am Boot. Ich hol dich ab!"

Aßen Micháli und ich im Léfka Óri zu Abend, waren wir meist für uns. Verbrachten wir den Abend auf der Terrasse des Xenia, gesellten sich nach und nach immer mehr Xenianer zueinander. Es war toll, es war lebendig, es war wiedererkennend, es war weinselig, und es wurde meist irgendwie spät. An einem der Abende brachte Ralfs Ulli mir einen Stein mit der Gravur „lebe es!" an den Tisch. Sie hatten ihn in einem Bergdorf oberhalb Chóra Sfakíons in einer kleinen Silberschmiede entdeckt. Die beiden Worte gelesen, an mich und meine neuen Leidenschaften gedacht und ihn für mich gekauft. Wenn ich bedenke, wie ablehnend wir uns während meines ersten Aufenthaltes im Herbst 2011 hier begegnet waren und wie sehr wir uns inzwischen verbunden fühlen, rührt es mich an. Bei allem und jedem lohnt sich ein zweiter und dritter Blick, ein Hinter-die-Fassade-Schauen. Wir hatten es getan, einen nächsten und übernächsten Blick gewagt, uns erkannt und unser erstes Denken übereinander, unseren ersten Eindruck korrigiert.

„Lebe es!", meinte Ulli, als sie mir den Stein auf einer Scheibe Toast servierte. Sie drückte mich und ergänzte: „Lebe dein Kreta-Reisen und dein Schreiben. Lebe deine Laden-Lust und deine Liebe. Lebe deinen Eigensinn und deine Freiheit, und lebe dich und alles und dich!"

24.

Es frischte auf. Der Wind peitschte Wellenwasser ins neue Hafenbecken. Der Tag schien unruhig zu werden. Um das Kollidieren von Bugspitze und Kaimauer zu verhindern, verkürzte Damúlis nach dem Verlängern des Haltetaus die Ankerkette der „Piccolo Mondo". Der Abstand zwischen Boot und Kaimauer war damit weiter, das Boot gesicherter, das Ab- und Aufsteigen für mich schwieriger. Bei Tag gerade noch machbar, am Abend bei Dunkelheit, angstbesetzt. Als der Wind bis Mitternacht keinen Deut nachgelassen hatte, übernachteten Micháli und ich spontan im Xenia - im SECRET ROOM, dem Raum ohne Nummer, für unverhofft eintretende Unvorhersehbarkeiten, fürs Übernachten gestrandeter Hilfebedürftiger, als Notunterkunft heimat- bzw. bettstattloser Freunde.

„Wie schön, wie schön!"

Schön für eine mal wieder durchgängig gemeinsam verbrachte Nacht. Schön für uns. Schön fürs Duschen am Abend und am Morgen. Schön fürs Haarewaschen. Schön für ein opulentes Frühstück auf der Terrasse des Xenia. Schön für die Liebe überhaupt, im Speziellen wie im Allgemeinen.

Mit Ausnahme eines Kontrollganges zur „Piccolo Mondo" verbrachte ich den folgenden Tag fast durchgängig an Michális Taxibootisch. Ich spielte Ladenfrau - war freundlich, aufmerksam und zugewandt. Promotete mein Buch, plauderte mit Taxiboot- und anderweitig Interessierten. Klingelte Micháli im Fall der Fälle herbei. Schrieb in meinem Reisetagebuch. Genoss den ein oder anderen Kaffee mit unterschiedlichen Gesprächspartnern. Und war bass erstaunt, als Heinz und Inge plötzlich und unerwartet in mein Sichtfeld traten.

„Ich glaub es nicht!” und „Oh, wie schön!”,
lachte es aus mir heraus, was Heinz mit einem
„Glaub es nur!” und „Du hast uns mit deiner Geschichte
so neugierig gemacht, dass es uns einfach nur hierhergezogen hat, dich zu überraschen”, strahlend erwiderte.

Breites Grinsen

„Ihr seid so toll!”, freute ich mich.
„Wie du!”, reagierte Inge mich in den Arm nehmend dazu.
„Genau!”, gab ich augenzwinkernd zurück.
„Wie ich - genau wie ich!”

Glücksgefühle - Redebedarf - alles wissen wollen.

Nachdem Heinz und Georgos sich mit dem Zimmer einig geworden waren, erzählte er Georgos, was und wer Inge und ihn ins Xenia gelockt habe, dass sie Vanna, ihn, Micháli und das ganze Chóra Sfakíon schon vor ihrem jetzt ersten Besuch hier geradezu kannten, dass ich ja wohl komplett in diesen Ort, die Gegend und alles hier verliebt sei und dass sie es seit heute leibhaftig nachvollziehen und verstehen könnten. Georgos grinste, legte seinen Arm um meine Schulter, drückte sie ein wenig und sagte:

„We love her, too! - Wir lieben sie auch!”

Das Spinnen nahm seinen Lauf. Würde mein Schreiben bekannt und ich somit berühmt, würden sie es gleichermaßen mit mir. „Everybody will come to Chóra Sfakíon, to see the real places of your story. Maybe we need more rooms then, more from everything?”, flachste Georgos und erzählte dazu, dass er vor drei Tagen eine Reservierungsmail mit der Frage bekommen habe, ob sie das Xenia aus dem Roman von Elisabeth Katz seien. „Seriously?", fragte ich erstaunt. „Im Ernst?", was er mit „For sure! - Aber ja doch!" und mit beidhändig zum Schwur erhobenen Fingern unterstrich.

25.

Laut meines Kindle-Store-Berichtes waren von meinem „Warrum nicht!" zu diesem Zeitpunkt an die zweihundert E-Books verkauft, was mich als frische Buchschreiberin, als Neuling auf diesem Gebiet, außerordentlich erfreute. Georgos meinte, dass ich, wenn ich mit meinem Schreiben so richtig bekannt werden wolle, unbedingt mit einer buchbegleitenden Seite auf Facebook erscheinen solle, ja, geradezu müsse! „Och nööö ...", war meine erste, spontane Reaktion darauf, was ich mit der Begründung, dass ich mich mit alledem überhaupt nicht auskenne, zu untermauern suchte.

„I will teach you!", kam es, keinen Widerspruch duldend, verbessert in „We will teach you!", geradezu zweifach gleichzeitig aus Georgos' und Michális Mündern, was sie in den frühen Nachmittagsstunden am Taxiboottisch sogleich mit mir in die Tat umsetzten.

Welch Spektakel, welch Schauspiel, welch heiteres Miteinander. Sooo sweet - soo süß - so geduldig, hartnäckig und zielführend.

Nachdem die Seite stand, waren wir drei fein zufrieden. Als Titelbild hatten wir das Cover meines „Warrum nicht!" hochgeladen, als Hintergrundaufnahme die Skyline von Chóra

Sfakíon vom Meer aus aufgenommen, im beschreibenden Text eine Inhaltsangabe der Geschichte und den im Buch abgedruckten Brief an meine Leser und Leserinnen. Fürs lustvolle Betrachten wählten wir stimmungsvolle Aufnahmen aus dem Foto-Ordner meiner Herbst-Reise 2011. Nachdem die Seite von Facebook akzeptiert und damit öffentlich war, begann ich auf Anraten der Jungs mit den Freundschaftsanfragen.

„Ask our German-speaking friends first", rieten sie mir, „than carry on with their German friends, and people with pictures from Crete on their pages, maybe some Cretan groups - till it works by itself."

Georgos und Micháli rieten mir, als erstes ihre deutschsprachigen Freunde zu kontaktieren, dann auf Seiten mit kretischen Bezügen zu schauen und Gruppen beizutreten, in denen Reisende ihre Liebe zu Kreta teilten, bis das Interesse geweckt sei und alles von selber liefe.

Gut - ja, so wollte ich es tun und so tat ich es dann auch. Lustvoll und ausdauernd, von meinen Coaches motiviert - des Guten zuviel.

Zu viele Anfragen auf einmal - zu viele an einem Tag - zu viel von nichtsahnenden Regelüberschreitungen der digitalen Welt von Facebook. Es hagelte Beschwerden. Facebook reagierte, sandte mir einen Verweis und sperrte meine Seite für eine ganze Woche. So kann es geh'n. So lernt der Mensch. Learnig by doing, to do it better in future - um es in Zukunft besser zu machen. Von hieran streute ich meine Anfragen sachter, meine Werbeposts persönlicher.

Hans kam am späten Nachmittag vorbei, nachzufragen, ob es beim morgigen Morgen um zehn bliebe. „Ja!" und „Sicher!"

und „Gerne!" und „Freu mich!", waren meine wahrheitsgetreuen Antworten.

Heinz und Inge hatten ihr Zimmer bezogen. Sie wollten morgen vom Xenia aus über die Hintertreppe auf der Straße Richtung Anópoli und dem Eselspfad am Fels entlang meinen Buch-Spuren folgend zum Sweet-Water-Beach wandern. Evelyne und Christiane kamen von ihrem Familienbadetag am Strand unterhalb der Taverne der Drei Brüder zurück, die Münchner Herrenrunde von ihrem Ausflug zum Kriegsmuseum jenseits von Askífou und Ulli, Ralf, Hündin Cora, Verena und Georg von ihrer Fahrt nach Roústika und ihrem dortigen Besuch des Klosters Móni Profíti Ília.

Der Wind hatte nachgelassen, das Zimmer im Xenia somit nicht mehr von Belang. Ich zahlte meine Rechnung, verabschiedete mich von Heinz und Inge, sprach ein allgemeines „Kaliníchta" in die Runde und entschwand Richtung Boot. Ich ging, gegensätzlich zu allen anderen, Richtung Süd-Ost zum am Abend meist unbelebten neuen Hafenbecken. Alles kehrt zu dieser Stunde in den Schoß der Uferpromenade zurück, auf die Zimmer, in die heimeligen Tavernen und Speiselokale vor Ort, genau wie ich es für gewöhnlich mit meinem Nächtigen im Xenia bis dato ebenfalls getan hatte.

„Männer umschwirr'n mich wie Motten das Licht ...",

summte es aus mir heraus, als Gleichnis für das abendliche Streben allen Lebens zum Hellen hin, zum Lebendigen, zum Trubel. Alle, alles und immer, mit Ausnahme der üblichen Ausnahmen. Ich dachte an mein Ruhebedürfnis, an das Wohltuende des Wechsels von allem ins Gegenteil. An meine Ladentage voll der Begegnungen und der gesprochenen Worte und meiner daraus erwachsenen Lust auf nichts und niemanden. Aufs Schweigen, aufs Nichtsprechen, dass mich selbst das abendliche Läuten meines Telefons geflissentlich überhören lässt. Nach diesem kontaktreichen Tag am Taxiboottisch meines Liebsten tat mir das Weggehen, das Hinüberwechseln auf die andere Seite der Bucht, auf die leise, gut.

Als ich mich der „Piccolo Mondo" näherte, ging mir das Herz auf. Ich sagte ihr: „Da bin ich wieder!" und „Alles gut mit dir?"

Ihr Wissen wusste, dass sie weder hören noch sprechen konnte und dass man Menschen, die Gegenteiliges vermuten, hilfreich und großzügig zur Seite stehen bzw. ihnen wohlwollend entgegenkommen sollte.

Ich zog am Tau. Sah, dass sich Bugspitze und der als Puffer dienende Treckerreifen wieder sanft berührten und schloss daraus, dass Damúlis die Ankerkette wieder auf Normal verlängert hatte, dass es mir ein Leichtes war, ohne Angst sicher aufs Boot zu steigen.

Diese Ruhe. Dieses leise Plätschern. Die feine, heimelige Atmosphäre in der hochgerollten Kuchenbude. Das kuschelig Wärmende in der von der Tagessonne aufgeheizten Kajüte.

Hatte ich es wohl gut? Konnte ich das Gute wohl spüren? Mochte ich das seichte, wohlige, nur meinen Gedanken folgende, alleinige Sein im großen Kreis des menschenleeren neuen Hafenbereiches auf der „Piccolo Mondo" wohl genießen? War es mir dazu noch eine Freude, das Boot in allem für das morgige Eintreffen meiner Bruderfamilie vorzubereiten?

„Ja, ohne jedes Wenn und Aber!"

Zu später Stunde, kurz vor Mitternacht, folgte mir der griechische Liebste in die Diaspora (altgriechisch: Zerstreuung, Verstreutheit), in die Abgeschiedenheit der menschenleeren Welt am neuen Hafenbecken, für unser Liebesspiel, mit dem Rauchen der obligatorischen Zigarette danach in der vom Mond beschienenen Kuchenbude und dem darauf folgenden beinverschlungenen Schlaf im sanft wiegenden Kajütenbett im Bauche der „Piccolo Mondo".

26.

Sonntag 10 Uhr. Micháli hatte sich wie immer zeitig auf den Weg gemacht. Leise, liebevoll, fast unsichtbar. Ich hatte das Boot up Stee - alles sauber, alles an Ort und Stelle, alles korrekt, alles fein, mit gemachtem Bett, gewienerter Kajüte, gefegter und geputzter Kuchenbude. Wollte ich weiter und wieder an Bord der „Piccolo Mondo" willkommen sein, sollte ich mein zeitweise geliehenes Zuhause ordentlich und pfleglich behandelt übergeben.

Hans war zeitig - ich war es auch.

Mein Tagesrucksack war gut gepackt, mein Gesicht gemalt, meine Kleidung für alle Eventualitäten passend. Ich hatte Damúlis über meinen Ausflug informiert und den Schlüssel fürs Boot bei ihm im Diving-Center abgegeben. Sollte ich wider Erwarten erst nach dem Eintreffen meines Bruders in Chóra Sfakíon zurück sein, würde Damúlis ihm den Schlüssel fürs Boot aushändigen können.

„Ich freu mich so!", sagte ich Hans beim Losfahren, was er mit fast den gleichen Worten und „Schön, dass du mich begleitest!" erwiderte.

Hans fuhr von Chóra Sfakíon über Komitádes nah der Küste gen Frangokastéllo. Am Straßenrand, Gedenkhäuschen, dann und wann ein einfaches Wohngebäude mit kleinem Garten und ein paar Hühnern und Schafen.

Im Norden, die felsigen Berge der Kryonerítis. Im Süden, das türkisblaue Libysche Meer mit seinem hohen, von kleinen weißen Wolken gespickten Himmel. Auf dem meist felsigen, den Fahrweg umgebenden Grund, flaches dorniges Buschwerk, von trockenen Gräsern durchwachsen. Selten, lückenhafte Grünflächen mit durchschimmerndem sandigen Boden und gelb blühendem Huflattich.

Leicht östlich von Frangokastèllo, unser erster Halt. Ágios Nikitás, eine kleine weiße Kirche auf ebensolchem Grund. Im sichtbaren Umkreis, kein weiteres Gebäude. Braun gerostete Stahlmatten dienen als Zaun zur Begrenzung des Kirchengrundstückes. Das Eingangsportal, kunstvoll aus zwei acht Stein hohen rechteckigen Säulen mit verbindendem Flachbogen. Darüber ein schlichter Rundbogen auf je vier übereinander gemauerten quadratischen, mit Kreisen verzierten Sandsteinen. Im Oberen der Steine, das Gestänge mit der Kirchenglocke. Als Abschluss, ein weiß verputztes Steinkreuz.

Das schlichte dort eingehängte, aus zwei Flügeln bestehende Tor aus rostigen Eisenstäben stand einseitig offen. Zur Rechten, fünf Kieferstämme mit verwobenen Kronen, windschief gewachsen, dem Eingangsportal zugeneigt. Skurril und wild, vom Tor ausgehend, nach rechts abfallend. Zwischen der den Kirchplatz umgebenden beigen, von Gräsern durchwachsenen Fläche führt ein schmaler Pfad zum Eingang auf die rückwärtige Seite des Kirchengebäudes.

Hans war vorausgegangen. Er hatte die kleine Kirche einmal umrundet, ihren Innenraum betreten und eine Kerze zum Gedenken an seine Frau entzündet. Als ich wieder zu ihm stieß, saß er ein wenig versunken im Schatten auf der den knorrigen Stamm umgebenden Mauer eines nahe der Kirche stehenden alten Olivenbaumes.

Kirche und Baum, für sich betrachtet - eindrucksvoll.
In ihrer gewachsenen, trauten Gemeinschaft - großartig!

Ich setzte mich zu Hans auf die kniehohe Mauer, legte meine Hand auf sein Bein, lächelte ihm zu und sagte: „Komm Hans, erzähl mir von dir und deiner Frau. Erzähle mir, wie es dir

gerade geht, von euren Reisen, von eurem so langen Miteinander, von eurer Liebe."

Ich weiß gar nicht, wie lange wir im Schatten des alten, knorrigen Olivenbaumes gesessen haben, weiß nicht mehr, was er mir alles erzählt hat. Weiß nur, dass es sein halbes Leben war, dass wir gemeinsam Tränen vergossen und gelacht haben, ich ihn zwischendurch tröstend in die Arme nahm, ihm ein Taschentuch reichte und wir uns Wasser aus der Kirchenquelle schöpften. Am Ende waren wir einig, dass er und seine Frau ein wahrlich schönes, erlebnisreiches Leben miteinander gehabt hatten. Und auch, wenn zu diesem Zeitpunkt noch viel Traurigkeit in ihm war, viel Vermissen und Sehnsucht, war dennoch deutlich, dass die Dankbarkeit überwog.

27.

Unser nächster Stopp war das im Jahre 1371 erbaute venezianische Kastell am Eingang von Frangokastéllo, deren zinnenbewehrte Außenmauern heute noch stehen. Die äußeren Eckpunkte - hochgebaute, quadratische Wehrtürme. Die Außenmauern, ohne jeden Schnörkel. Über dem Südportal, noch gut sichtbar, der Markuslöwe, das Wappen der venezianischen Bauherren.

Ehrfürchtig beeindruckt durchschritten wir das Innere der Burg, in der die Grundmauern der ehemaligen Raumaufteilung noch gut erkennbar sind. An der nach Frangokastéllo hineinführenden Straße, gegenüber des langen, flach ins Meer abfallenden Sandstrandes aus feinem Kies, gönnten wir uns ein spätes Frühstück. Schlicht geht es zu in Frangokastéllo - schlicht und weitläufig. Nicht Siedlung, nicht Haus an Haus, eher ein Gebäude hier und eines dort mit dazwischenliegenden kargen Flächen. Bevor wir weiter dem Küstenweg gen Osten folgten, zeigte Hans mir das kleine, in einer natürlichen Lagune eingebettete Hafenbecken von Frangokastéllo. Ich zählte an die zwölf Fischerboote.

War es möglich, fuhr Hans auf Wegen mit Meerblick. Wurde es kritisch, bog er ins Landesinnere. Schilder wiesen auf Skalóti und Argóules hin, zwei Bergdörfer, zu denen Hans mit mir bei mehr Zeit gerne hinaufgefahren wäre.

„Ein andermal?" - „Ja, ein andermal!"

Hans fuhr gemächlich, erzählte von vergangenen Reisen, dass er und seine Frau schon in den neunzehnhundertsiebziger Jahren nach Kreta gereist seien, dass sie dazu viele andere Ziele

versucht und genossen hätten, es sie aber meist und immer und immer wieder mit großer Sehnsucht nach Kreta gezogen habe.

„Da war nichts zu machen ...", sagte er leicht verträumt.
„Ja", lächelte ich dazu, „und mich dünkt, als ob da immer noch nicht wirklich was zu machen zu sein scheint."

„Doch still! Mich dünkt, ich wittre Morgenluft!", sprachHans. „Was dünkt dich?", ich konnte mich kaum mehr halten vor Lachen. „Mich dünkt ..., William Shakespeare - Hamlet - 1. Akt - 5. Szene."
„Ah ja - daher stammt das also."

Zack, peng - und wieder was gelernt!

Ich erzählte Hans von meinem verloren gegangenen Lebenstraum, dem Ende meiner für mich auf ewig angelegten Familiengemeinschaft. Von meiner elf Jahre andauernden Trauerzeit, die mit meinem heutigen Denken sicher deutlich kürzer ausgefallen wäre. Dass mir mein erster, nach meinem Familienaus in mein Leben gekommener Schatz zu mehr Demut geraten habe, was ich zu Anfang aus meiner damals noch so sehr verletzten Seele heraus nur ablehnend hätte beantworten können.

„Demut", hätte ich damals störrisch geantwortet, „verdammt - hör mir bloß auf mit dieser Demut!"

Als er dem Wort weitere habe folgen lassen, es mir mit verzeihen können, dankbar sein über das bisher er- und gelebte Gute und Schöne erläutert und mir dazu empfohlen, mich auf den Lauf des Lebens einzulassen, es, wie es gelaufen sei und jetzt liefe, anzunehmen, hätte ich seinen Rat verstanden. Dennoch habe meine Gefühlswelt, meine verletzte Seele, immer und immer wieder dagegen rebelliert.

Mein Kopf hatte verstanden -
mein Empfinden sich noch eine Zeit lang quer gestellt.

Ich ging die ersten Schritte. Kam vorwärts. Strauchelte. Fiel zurück. Stand erneut auf. Kam voran, ein Stück den Berg hinauf, um wieder hinabzurutschen. Ein lang andauernder, mühsamer Weg, drei Schritte vor und zwei zurück, bis mich das Schicksal, oder wer oder was auch immer, zu Susanne geführt hatte. Diese wundersame, mir nach meinem letzten abstürzenden Seelenfall alle Trauer fortnehmende Begegnung hat eine bis heute andauernde heilende Wirkung. Seither gleicht mein Leben, mein Empfinden für Glück, die Sicht auf Dinge und Umstände einem von Sonne beschienenen, bunt blühenden Hochplateau.

Nach diesem Gedankenspiel ließ das Schwärmen über den Liebreiz, den Zauber, die Faszination, das blühende Bunte und Schöne uns bekannter Hochebenen kaum mehr auf sich warten. Die von den Gipfeln der Dikte-Bergkette umgebene Lasíthi-Hochebene auf 850 Metern mit ihren augenfälligen Windmühlrädern kam uns als erste in den Sinn. Dann die auf über tausend Meter Höhe liegende Ómalos-Hochebene inmitten der Weißen Berge mit dem oberen Eingang zur Samaria-Schlucht und die weiter östlich liegenden Hochebene von Askífou auf dem Weg zwischen Vríses und Chóra Sfakíon. Hans erwähnte dazu das Nida-Plateau am Fuße des Psiloreítis, das mir bisher unbekannt war.

„Und ... who is the winner?", fragte Hans forschend.
„Welche der dir bekannten Hochebenen ist dir die liebste?"
„Lasíthi", antwortete ich, „ich denke, es ist die Lasíthi."

Bei all unserem Erzählen hatte ich zwar die Gegend, das Licht, das Meer, Pflanzen, Bäume und Büsche bemerkt, ja, auch Straßen und Wege, doch fehlte mir, als Hans mit dem Wagen plötzlich rechts in einen Schotterweg einbog, jedes Gefühl fürs Wo.

„Hans, wo sind wir hier?", fragte ich entsprechend,
was er mit einem verschmitzt breit gezogenen Mund und
„Wart's ab!" geradezu geheimnisvoll unbeantwortet ließ.

Er fuhr die abzweigende Schotterpiste hinab und folgte einem festgefahrenen, strandbegleitenden Pfad eines ewig lang wirkenden, breiten, von Kieseln übersäten Sandstrandes. Rosa blühende Oleander. Hohe Schilfgewächse. Violett aufgeblühte Disteln. Tamarisken jeglicher Form und Größe. Am Meeressaum, Felsbrocken von klein über mittel bis groß und riesig.

Wildheit fiel mir dazu ein, Ursprünglichkeit und Freiheit.

Hinter einer Biegung, unterhalb einer Ansammlung im Halbkreis gepflanzter Tamarisken, Taverna Anna, eine kleine Strandtaverne mit einfachen Tischen und Stühlen. Das rechteckige Gebäude, weiß. Im Innen eine Theke mit einfacher Küchenzeile und zwei Schlechtwettertischen. Als ich in den Raum trat, fand ich Hans im Gespräch mit der griechischen Wirtin Anna. Er stellte uns vor, erzählte, dass seine Frau und er hier auf fast jeder ihrer Reisen eingekehrt seien, dass die inzwischen Schatten spendenden Tamarisken beim ersten Auffinden dieses Platzes gerade mal mannshoch gewesen seien und dass Anna und ihr Mann hier vor zig Jahren mit einer kleinen Bretterbude begonnen hätten.

Man kenne sich lange, fühle sich verbunden, wisse um den mühseligen Beginn hier und um die vielfältigen Familienbande.

Linksseitig des Tavernenplatzes, hölzerne Bänke vor einer beinhoch, aus Sandsteinen aufgestapelten Mauer. Davor quadratische Tische mit blau-gelb karierten, von Gummibändern gehaltenen Wachstüchern. Drum herum, schwarze Metall- und Kunststoffstühle. Die Stämme der Tamarisken waren weiß gekalkt, der Grund der Terrasse mit hellem Sandsteinsplitter bedeckt. Als Begrenzung zum Strand, eine halbhohe, weiß verputzte Mauer. In kleiner Entfernung davor, rostige Ölfässer für feurige Abendspektakel. Wir wählten ein Alster und ein alkoholfreies Bier, je ein Omelett mit Tomaten und Schafskäse und hernach Joghurt mit Honig - Yaurti me Meli.

Noch bevor wir den Hauptgang in Empfang genommen hatten, gesellten sich ein gelbes und ein grünes Fahrzeug zu unserem blauen dazu. Auch wenn ich Autos am Strand im Allgemeinen nicht als schmückend wahrnehme, wirkten sie in dieser Farbkombination geradezu spiegelnd. Sie wiederholten das helle Blau des Himmels, das Gelb der Sonne und das Grün des fisseligen Blätterdaches der Tamarisken.

Zweimal vier Menschen mehrten die Terrassengesellschaft. Je abgelegener ein Ort, um so geeinter das Miteinander? Klaus, Waltraud, Heinrich und Martha aus Mecklenburg und Hildegard, Marianne, Friedhelm und Bastian aus Kaiserslautern plauderten nun tischübergreifend mit Hans aus der Nähe von Dortmund und Elisabeth aus dem ostfriesischen Wiesmoor. Nachdem Anna allen Gästen serviert hatte, setzte sie sich mit einem Kaffee, beobachtend, neben die Eingangstür des Tavernengebäudes.

28.

Wir schlenderten über den Strand. Hans erzählte von einem Engländer, der jahrelang hier gelebt, mehr noch - gehaust habe. Von seiner zwischen zwei Tamarisken erbauten Unterkunft, die er über Jahre, nach jedem Herbst- und Frühjahrssturm, erneut aufgebaut oder geflickt habe. Seit einem gelegten, die Hütte vernichtenden Feuer, vor drei, vier Jahren habe er ihn nicht mehr angetroffen. „Schade eigentlich ...", bedauerte Hans. Ihre Begegnungen, ihre Gespräche seien immer bereichernd gewesen. An besagter Stelle fanden wir verkohlte Überreste der dachgebenden Tamariske. Im Sand darunter lagen rostige Besteckteile, Blechschalen, Reste zerborstenen Geschirrs neben verbeulten Töpfen und oxidierten Sprungfedern ehemaliger Matratzen. Steine, die sein Territorium begrenzt hatten, befanden sich an alter Stelle. Sein Außenwohnraum unter einer benachbarten Tamariske, war noch deutlich auszumachen.

Ich sammelte archäologengleich einige der Überbleibsel auf, erwählte eine der flachen Blechschalen, füllte sie mit ausgesuchten Teilen des rostigen Bestecks und anderen Kuriositäten, die ich hier einfach nicht hatte zurücklassen wollen.

Die nicht mehr vorhandene Bude des nicht mehr vorhandenen Engländers führte mich gedanklich in die Jahre meiner budenbauenden Kinderzeit. Zwei sich nicht recht grüne Mädchenbanden streunten an sonnigen Nachmittagen im nicht öffentlichen Bereich jenseits eines von einem Spazierweg begleitenden Gewässers namens Promenadentief herum. Unsere Bude lag im hohlen Innern eines großen Busches. Einsehbare Lücken hatten wir kunstvoll mit geschnittenen Sträuchern ausgefüllt. Baumstämme dienten uns als Sitz. Mit Tauen aneinandergebundene Äste wurden zur Tischplatte. Eine in die Erde eingelassene olle Melkbumm - alte Milchkanne - war unser Essenslager. Reste eines Fallschirms, waghalsig mit Fäden an den Ästen eines Schutz spendenden Baumes befestigt und gegen den Wind am Boden mit Heringen gesichert, bildeten unser wetterfestes Dach.

Welch Paradies!
Welche Spielfreude!
Welch Gemeinschaftsgefühl!

Nachdem wir unser Heiligtum an einem späten Herbsttag gänzlich zerstört vorgefunden hatten, verlagerte sich unser Spielen in andere Gefilde.

Beim Weiterschlendern streiften Hans und ich immer neue, skurrile, kronenverbundene, windschief gewachsene Tamariskengruppen, die sich ausgezeichnet, meine kindliche Fantasie anfeuernd, als Fachwerk, als Gerüste für kunstvolles Budenbauen eigneten.

Der gesamte Sandstrand schien gleichmäßig mit Kieselsteinen belegt. Nicht Stein an Stein - gefühlt nicht einmal zwei sich berührende, aneinanderliegende. Steinchen, Kiesel, Steine, so weit das Auge reichte, ohne dass der Sand des Strandes auch nur an einer Stelle gänzlich unter ihnen verborgen blieb.

Gedankenblitz:

Blechkuchen, Streuselkuchen, belegt mit Äpfeln, Kirschen, Rhabarber oder auch Zwetschgen, bei denen, ob unserer aller Teig-Nasch-Lust, die nach Rezept gefertigte Streuselmenge nie ausreichte, das darunterliegende Obst gänzlich zu bedecken.

Klugerweise erhöhte unsere Mutter alsbald die Produktion der Streuselmasse auf die doppelte Menge, die dann allen gerecht werden konnte. Dem Blechkuchen ebenso wie den lauernden Naschkatzen jeden Alters.

Im Vorfeld des Strandes, vom Meer aus betrachtet dahinter, blickten wir auf weite Flächen mit hellen, sich im Wind wiegenden, leicht durchsichtig schimmernden Gräsern unter Olivenbäumen. Ein Stück weiter, inmitten der gleichen Gräserähren, kleinwüchsige Palmen. Äste blattlosen, bräunlichen Buschwerkes ragten gespenstig aus der lichten Gräserfläche empor.

„Weiter?" - „Weiter!"

An unserem Wagen zurück, fuhren wir den Strandpfad Richtung Osten. Am Ende des Strandes, mächtige Felsbrocken. Davor, Stühle und Tische aus hellem Holz unter ineinander verwachsenen Tamariskenkronen. Leicht versetzt daneben, ein zum Ausschank umfunktionierter Wohnwagen.

Schön einfach. - Einfach schön.

Der Name des Strandes „Paralía Rodákino"
oder auch „Paralía tis Peristéres - Beach of Peristéres".

29.

Wir bogen vom Strand Richtung Fahrstraße. Am Abzweig, ein fast quadratischer, marmorartiger Stein mit der Aufschrift PERISTERES APARTEMENTS und einem nach links weisenden Pfeil. Kurz darauf das Ortsschild von Polyrízos, das mir in meiner Orientierungslosigkeit keinen Deut weiterhalf.

„Na", fragte Hans, „weißte jetzt wieder, wo wir sind?"
„Kein Stück! Polyrízos - nie gehört, nie gesehen, nie gelesen."
„Na, dann fahren wir halt noch ein bisschen weiter."

Fragt mich nicht wie, fragt mich nicht warum, plötzlich standen wir, für mich völlig überraschend, vor dem Anwesen von Nikos & Anna am westlichsten Eckzipfel vom Koráka-Beach, diesem so heimeligen Plätzchen Erde, das ich in meinem „Warrum nicht!" auf der Rückfahrt meiner fünftägigen Reise mit Ludwig zu einem der beiden schönsten Plätze dieses Strandes erklärt hatte. Damals waren Ludwig und ich aus Rodákino kommend in Richtung Frangokastéllo fahrend spontan dem Wegweiser zum Koráka-Beach gefolgt. Damals für uns der einzig erkennbare Weg dorthin.

„Witzig", lachte ich Hans ins Gesicht, „das hier kenn' ich!"

Immer noch erstaunt über den mir unbekannten Weg, kehrten wir bei Nikos & Anna auf einen frisch gepressten Orangensaft ein. Ich dankte Hans fürs Lückenfüllen, für die weitere Vervollkommnung meines Kreta-Puzzles. Fürs Zeigen und Verweilen am Strand von Peristéres und für die Aufklärung, dass das Anwesen von Nikos & Anna, wenn auch am Koráka-Beach liegend, zu Polyrízos gehört und nicht, wie von mir kurzerhand beschlossen, zu Korákas.

Er habe, falls ich noch Zeit und Lust hätte, ein weiteres Ziel vor Augen, ein Kleinod, einen versteckten Hafen, von natürlichem Fels umgeben, kaum auffindbar, vom Meer aus schwer erkennbar, nur mit kleinen Booten für Ortskundige durch eine schmale Einfahrt zu erreichen. Der Name des Hafens „Limáni tis Korákas" oder für den eher romantischen Geist „Hafen des schüchternen Begleiters".

„Wenn du magst, zeige ich ihn dir."
„Und wie ich mag!", gab ich ihm zurück,
und schon waren wir wieder auf dem Weg.

Auf halber Stecke hielten wir an einem kleinen, leicht durchsichtig wirkenden Gotteshaus, ein Schmuckstück, ganz nach meinem Gefallen. Klein, weiß, rechteckig. Alle formgebenden Elemente, mit lichtem Hellblau hervorhebend gestrichen - die Dachkanten, die Leibungen der Fenster und Türen sowie der Rahmen des rechteckigen, spitz zulaufenden Glockenbogens oberhalb der Eingangstür. Stuckartige Schmuckelemente leuchteten in goldigem Gelb. Das für mich schönste davon, das Relief eines Sonnenstrahlenkranzes als schmückender Rahmen des vorderen kreisrunden Giebelfensters.

Wir folgten einer schmalen, ebenmäßigen, leicht berganführenden Schotterpiste. Am höchsten Punkt führt ein schmaler, einspuriger, beidseitig von Grasflächen umgebener Asphaltweg mit starkem Gefälle in ein kleines Tal. Vor uns, am Ende des Asphaltweges, im Schoße des Tales, das verborgene Hafenbecken.

„Soll ich?", fragte Hans, was ich mit den Worten: „Wenn du die Steigung mit dem Wagen nach dem Hinunterfahren wieder hinaufschaffst, gerne!", beantwortete. „Ist mir mehrfach gelungen!", grinste er und dass wir es somit doch wagen sollten.

Das Hafenbecken, neun Bootsbreiten lang, drei Bootslängen breit. An zwei Seiten von grobem Felsstein begrenzt, an den beiden anderen von geborstenen Betonplatten. Ich war fasziniert, ich war begeistert und dazu noch irgendwie gerührt. An diesem Ort zwischen Fels und Meer war so gar nichts perfekt, nichts gerade, nichts fein, nichts offen sichtlich, dass, wie sich der Zweitname des Hafens deuten ließe, es selbst einem schüchternen Begleiter möglich mache, hier ein entspannt-romantisches, ja, gar verbotenes Tête-à-Tête unentdeckt zu genießen.

Ich ging umher, schaute und fotografierte, berührte und fand.

Der angrenzende Fels aus verworfenem Gestein, Schicht für Schicht in unterschiedlichen Dichten und Farben. Teils wie entstanden waagerecht, teils senkrecht verworfen. Grau in vielen Nuancen. Eisenverfärbtes in allerlei Braun- und Rottönen. Dazwischen türkisgrüner Schiefer. Diese Farben, diese Muster, diese Strukturen - alles apó ti fýsi - von Natur aus - handmade by nature.

Mein Fotoauge fiel auf rostige Ankerketten, auf geflochtene ausgediente Haltetaue, auf eine verblichen grüne Kunstoffwinde am Heck eines der vertäuten Fischerboote und auf eine frei herumliegende Auftriebskugel ohne erkennbaren Besitzer. Drei Spann rund groß, in hell verblichenem Blau, mit einer mittig umrundenden Verdickung und einer durchgehenden, röhrenartigen Mittelöffnung. Für mich ein Schmuckstück, ein Andenken, etwas für immer und jetzt!

Spann, natürliches Längenmaß: Abstand zwischen Daumen und Mittelfingerspitze (kleine Spanne) bzw. zwischen Daumen und der Spitze des kleinen Fingers (große Spanne).

30.

Zurück in Chóra Sfakíon erfuhr ich in drei Variationen, von drei verschiedenen Insidern, an drei unterschiedlichen Plätzen, dass mein Bruder und seine Frau inzwischen angekommen seien. Damúlis berichtete, dass der „kleine Kapitän" schon an Bord gewesen sei. Brahím erzählte, that the „little Captain" and his Marion had crossed his way - dass der „kleine Kapitän" und seine Marion seinen Weg gekreuzt hatten, und Déspina wusste, dass er, der „mikró Kapetánio", me tou Gynaíka Marion sto Micháli sitting at his taxiboattable at Xenia - dass er, der „kleine Kapitän" mit seiner Frau Marion und Micháli am Taxiboottisch vorm Xenia säßen.

Nachdem Hans mich am Boot abgesetzt und wir uns bedankend voneinander verabschiedet hatten, spazierte ich zur Brudersuche und für eine kleine Spätnachmittagsspeise zur Uferpromenade. Nach meinem Erfahrenen konnte das Ende meiner Suche nur das Xenia sein. Freudige Gesichter. Verwandtschaftliche Umarmungen. Ein Zigarettchen, eine Erfrischung und eine Verabredung with Michali and my family - mit Micháli und meiner Familie zum gemeinsamen Abendessen gegen neun auf der Terrasse vom Xenia.

Das erste und letzte Mal, dass ich mit meinem Bruder auf Reisen war, ist Ewigkeiten her. Unsere Eltern hatten ihr erstes Auto mit finanzieller Unterstützung unseres bei uns im Hause lebenden Großvaters erworben, einen beigefarbenen Audi Super 90. Während dieser 14-tägigen Urlaubsfahrt betreute meine drei Jahre ältere Schwester mit den damaligen Ladenfrauen, Renate und Voline, Haus und Geschäft. Papa fuhr uns zu den Sehnsuchtsorten seines Vaters, unseres Großvaters. Opa saß mit Hut auf dem Beifahrersitz neben ihm, Mama, mein kleiner Bruder und ich auf der Rückbank. Während der Fahrt rauchte Opa seine Zigarillos. Als uns Kindern vom beißenden Qualmgeruch übelig wurde, verlegte Großvater sein Rauchen auf Geheiß unseres Vaters nach außerhalb. Die regelmäßigen Fahrpausen taten allen wohl. Ich erinnere Bamberg und Freudenstadt, den Großvater mit Hut und Schnäuzer, die kurzen grünen Lederhosen meines Bruders, das grün geblümte Kopftuch unserer Mutter, die Hosenträger unseres Vaters und mein schwarzgrundiges, mit roten Röschen bedrucktes, dirndlähnliches Reisekleid.

Mein Bruder war damals vier, ich zwölf,
heute waren wir neunundvierzig und siebenundfünfzig.

Wir schlenderten zum Boot. Wir richteten uns ein. Hinni und Marion bezogen die doppelte Vorderkoje, ich das rechte Einpersonenbett neben der Kajütentür. Wir räumten noch ein wenig her und hin und hin und her und gönnten uns, als alles nach unserem Gefallen war, einen Belohnungskaffee mit Keks im Bereich der Kuchenbude, unseres Wohnraumes an Bord.

Für die kommenden zehn Tage sollte die „Piccolo Mondo" unser gemeinsames Zuhause sein. Bei Tag wie bei Nacht, immer, wenn wir nicht anderweitig unterwegs oder für die Nacht 'außer Haus' verabredet waren.

Wir waren wohlwollend miteinander, geschmeidig, wie eingespielt, ohne Ecken und Kanten, als ob wir in den letzten fünfundvierzig Jahren nichts anderes gelebt hätten. Keine bösen Worte, keine Rempeleien, keine Missverständnisse. Bei Nacht leise, ohne sich eingeschränkt zu fühlen. Am Morgen, einer nach dem anderen aus seiner Koje kommend, sich beim ersten Kaffee den letzten Schlaf aus den Augen wischend, von den Traumgeschichten der letzten Nacht und den Plänen des neuen Tages erzählend.

Katzenwäsche an Bord. Ganzkörperpflege in der mit Palmenblättern verkleideten Außendusche am Diving-Center. Den zweiten Kaffee bei Damúlis, mit Blick auf die ins neue Hafenbecken ein- und ausfahrenden Boote.

An unserem ersten gemeinsamen Morgen fahndete mein Bruder nach Ersatz für einen zerborstenen, das Haltetau der hinteren Bootsbefestigung bisher über Wasser haltenden Kunststoffkanister.

Ich ging von Bord, bewegte mich auf das dort an Land stehende weiße Holzboot zu, verschwand hinter den drei daneben, unter einer Tamariske abgestellten hüfthohen Ölfässern, zauberte meine dort am gestrigen Tag abgestellte Schatzschale hervor und schritt mit sichtlichem Stolz damit auf Bruder, Schwägerin und Boot zu.

„Hier!", sagte ich. „Wie wäre es damit?"

„Ohhh ...“, kam es aus dem Mund meines Bruders.

„Eine drei Spann rund große Auftriebskugel
in zauberhaft hell verblichenem Blau mit
mittig umrundender Verdickung und einer
durchgehend röhrenartigen Mittelöffnung.
Wie schöööön! Wie wunderbar! Wie passgenau!
Ist just das, was ich brauche!“

Gut ..., so sagte er es natürlich nicht!!!

Er sagte eher: „Ja, die könnt gehn. Zeig mal her.“

Er kam an Land, nahm die blaue Kugel betrachtend in die Hand, hielt sie prüfend gegen die Morgensonne, sagte: „Schön, wirklich schön“, und meinte, dass sie, wenn sie den Wassertest bestehe, wohl wahrlich gut als neue Tau-halte-Boje geeignet sei.

Sie war es! Und so floss die schmucke Kugel, mein auf für immer und ewig gedachtes Andenken an meinen Reisetag mit Hans, zurück in den Kreislauf der Gebrauchsgegenstände an einen für ihre Zwecke bestimmten Platz.

Mein Bruder wechselte in Badehose und Taucherbrille, stieg über die Badeleiter am Heck der „Piccolo Mondo“ ins klare Meerwasser und tauchte nach dem am Meeresgrund verankerten Eisenring und dem daran befestigten Haltetau. Als er mit dessen Ende zurück an die Wasseroberfläche kam, bat er mit hochgestrecktem Arm um das blaufarbene Prachtstück! Er verband Kugel und Tau fachmännisch mit entsprechendem Schifferknoten und kam danach sichtlich zufrieden zurück an Bord.

„So ist es gut!“ - „Ja, so ist es gut!“

An einem der nächsten Tage fuhren Hinni und Marion mit dem Boot gen Ágia Rouméli. Auf dem Rückweg steuerten sie Loutró an, schauten, aßen, tranken Kaffee und verweilten dort, bis ich nach meinem Wandern, dort angekommen, mit ihnen nach Chóra Sfakíon zurückfahren konnte.

„Auweia!" Ich hätte besser darauf verzichten sollen, meinem bisher Erfahrenen in puncto Segeln Beachtung schenken. Zuerst war nix, gar nix - alles gut. Doch als das Wellenwasser anhob, das Schiff mehr und mehr ins Schwanken kam, war es von hier auf gleich mit meinem Wohlgefühl vorbei. Mir wurde flau, dann schlecht und dann übelst übelig.

Segeln ist nicht meins, nichts für mich! Mein Gleichgewichtssinn ist diesem Schaukeln in alle Richtungen einfach nicht gewachsen. Ich erfuhr erneut die Grenzen der Möglichkeiten meines Bootfahrens, den Unterschied zwischen Segeltouren, Fischerboot-, Fähr- und Taxibootfahrten. Das Mitfahren auf allem, was mehr oder weniger durchs Wasser gleitet oder sich nur in eine Richtung auf und ab bewegt, ist mir möglich. Das Mitsegeln auf Booten wie der „Piccolo Mondo" - nicht! Sie schaukeln gleichzeitig in alle Richtungen. Von vorn nach hinten, von rechts nach links, von oben nach unten und für mich, gefühlt, dazu noch im Kreis.

Abgespeichert: „Nie wieder - never again - poté xaná."

31.

In dieser Familienwoche passierte irgendwie nichts. Die Sterne schienen uns allen wohlgesonnen, dem Bruder, der Schwägerin und mir in unserem Familienmiteinander, genau wie mir und Micháli in unserem Paargefühl. Man hätte fast den Eindruck gewinnen können, dass aus der anfänglichen Urlaubsliebelei etwas Richtiges werden wollte.

Die folgende kleine Episode dazu lässt mich schmunzeln. Ich saß, wie an fast jedem Nachmittag dieser Woche, an Michális Taxiboottisch. Im Léfka Óri sah ich einen Mann mit einer Papprolle in der Hand mit dem jüngsten der Léfka-Óri-Brüder sprechen. Sie wandten sich in meine Richtung, plauderten, zeigten auf mich und reichten sich, bevor der Herr mit der Papprolle sich auf mich zubewegte, die Hände.

„The man from Léfka Óri told me, you are the wife from Micháli. Last year I took a foto from your husband. I think it is great and so I like to give it to him. - Would you be so kind?"

„Der Mann vom Léfka Óri erzählte mir, dass Sie die Frau von Micháli sind. Letztes Jahr habe ich ein Foto von Ihrem Mann gemacht. Ich finde es großartig und möchte es ihm gerne geben. - Wären Sie so nett?"

Eine wirklich großartige Aufnahme,
in mehreren Farbvarianten auf DIN-A3 vergrößert.

„Sehr schön! Wonderful! I'll give it to him. Thank you!"
„Sehr schön! Wunderbar! Ich werde sie ihm geben. Danke!"

His wife. Your husband. - Seine Frau. Ihr Ehemann.

Wie süß, und ich bemerkte, dass ich das in diesem Moment so überhaupt nicht richtigstellen wollte. Irgendwie gefiel meiner Mädchenseele diese, in der Realität wohl niemals eintreffende Außensicht auf unser Miteinander.

Michális Bruder nannte mich „Sister - Schwester", sein Neffe „Auntie - Tantchen", Georgos und Vana sprachen von „your Baby - dein Baby", wenn sie uns gegenüber ihn oder mich meinten, und Micháli selbst sprach von „my Baby is back - mein Baby ist zurück", wenn ich von wer weiß wo nach Chóra Sfakíon, insbesondere zum Xenia, zurückkehrte.

Und - wie nannte ich meinen Micháli, mein Urlaubsverhältnis, meinen mir inzwischen so vertrauten, lieb gewonnenen, einmeterachtundneunzig hochgewachsenen, lockig langhaarigen Barbaren, der mir, meinem Lebensgefühl zur Freude, so wohltat?

Ich nannte ihn „Meinen griechischen Liebsten!" - „Meine Muse!" - „Die männliche Hauptfigur meiner Kreta-Erzählungen!" Selten mit mir in meinem realen Leben zur selben Zeit am selben Ort, trug ich ihn während unserer gemeinsamen Zeit wahrlich gern in Kopf und Herz. Dazu weilte er, ohne dass es ihm je bewusst war bzw. sein wird, während meiner nächtlichen Kreta-Schreibereien in meinem ostfriesischen Zuhause gedanklich meist mit in meinem Bette.

Verliebt, verlobt, verheiratet. Liebesschwüre über Treue oder für immer und ewig waren nicht in unserem Vokabular. Um uns miteinander wohlzufühlen, war es nicht erforderlich, uns selbst aufzugeben, uns selbst zu verlassen.

32.

Ein neuer Sonntag. „Treffen wir uns gegen 16 Uhr vorm Delfíni zum Nachmittagsplausch?", fragte mein Bruderherz mich an unserem zweiten gemeinsamen Sonntag.

„In front of the entrance, behind the wooden railing?", fragte ich nach, was er mit: „Jaaa, genau dort, pünktlich um vier, vor dem Eingang hinter dem hölzernen Geländer!", grinsend beantwortete.

„Gut", sprach ich, „um Punkt vier, genau dort!"

Wenn alle ihr Ding machen, sind gelegentliche feste Termine schon schön. Hinni und Marion wollten mit der „Piccolo Mondo" aufs Meer hinaus, ich mich mit meinem für den Tag gepackten Rucksack, ohne jeden Plan, vor Ort treiben lassen.

Meinen ersten Halt hatte ich bei Déspina an meinem Lieblingstisch an den Stufen zum Strand. Verweilen, schauen, schreiben. Zu meinem Kaffee servierte sie mir ihre neueste Kreation, eine Zitronencreme, verfeinert mit Eischnee, Sahne und geriebener Zitronenschale. Ein wunderbares Geschmackserlebnis und dazu noch ein erinnerungsträchtiges!

Ein Esel - ein Holzkarren - ein Berg von Zitronen.

Zitronen-Creme-Speise mit Traubenzucker. Majala, die Süßspeise meiner Kindheit. Ich erinnere, dass es sie zu besonderen Anlässen gab und, wenn die Familie Sinn auf Süßes hatte, aus lauter Lust auch gerne zwischendurch. Zur Hochzeit eines Onkels gab es sie in großer Menge in farbige Glasschalen gefüllt als Dessert. Wir Kinder stibitzten davon zuvor. Saßen in Lackschuhen, Matrosenanzügen und Organzakleidchen mit einer der Familienschüsseln auf dem Kreuz unterhalb des vom Großvater selbst getischlerten, schwarzbraun gebeizten Eichenholztisches mit tief herunterhängender Tischdecke. Wir schauten auf Beine und Schuhe, hörten das Geschnatter der Erwachsenen, feixten und genossen, bis es uns genug war. Gefährlich, gefährlich, spannend, geheim, lecker und, wie man hier lesen kann, unvergessen!

„Oh, gleich 16 Uhr! Ich sollte mich sputen."

An Michális Taxiboottisch vergaß ich leicht die Zeit. Die Lebendigkeit, die menschlichen Begegnungen sind hier von großer Dichte, besonders wenn wir das Lächeln und den Augenkontakt nicht meiden. Ich stand Michàli mit seinem Talent des Frauenfischens als Menschenfischerin in nichts nach. Meine Lust war das Plaudern im Allgemeinen und die Weitergabe meiner Buchkarten, Michàlis Interesse - ein anderes.

Also, gleich 16 Uhr, ich hatte einen Termin mit Hinni und Marion am Tisch hinter dem hölzernen Geländer vor dem Eingang des Delfíni.

„I have to go now, see you in the evening - many kisses!"
„Ich muss jetzt gehen, wir sehen uns am Abend - viele Küsse!"

Ich schlenderte mit meinem Rucksack auf der Schulter und den Schuhen in der Hand zum Anfang der Uferpromenade. Auf dem Weg begegneten mir einige Rollenkoffer mit neuen Gesichtern. Wäre der 16-Uhr-Bus schon angekommen, wäre ich leidlich unpünktlich. Egal, Bruder und Schwägerin würden es mir nicht krummnehmen. Ich beschleunigte meinen Gang, kam ein wenig verspätet beim Delfíni an und sah, ich konnt's kaum glauben, in vier strahlende Familiengesichter.

„Nee!", sagte ich und, „Oh wie schön!"
„Und ...", lachte mein Bruder, „Überraschung gelungen?"
„Gelungen!", strahlte ich. „Absolut gelungen!"

Neben Bruder und Schwägerin saßen mein Schwesterherz und mein Tochterkind. - Schön, wirklich schön! - Sie hatten telefoniert, ein wenig herumgesponnen, dabei nach Flügen geschaut, passende entdeckt, sie in selber Minute gebucht und sich, als es vollbracht war, vor Freude gebogen.

„Wir sagen nix!" - „Nee, wir sagen ihr nix!"

Ihr Zimmer im Xenia hatten sie unter falschem Namen vorbestellt. Ihr Herflug war mit derselben Maschine ab Bremen, ihr Rückflug drei Tage versetzt. Hinnis und Marions Heimreise

sollte in einer Woche, am kommenden Sonntag sein, Katharinas am darauffolgenden Mittwoch nach Hannover und Olgas, zusammen mit meinem, am dann folgenden Sonntag nach Hamburg.

33.

Tilman hatte mich im Laufe des Tages angerufen, hatte wissen wollen, ob ich vielleicht auf Kreta sei, gar in der Sfakía? Als ich es ihm mit "Ja!„ beantworten konnte, war er sichtlich froh. „Sag, könntest du oben in Livanianá nach Simon sehen? Er kümmert sich während meines Deutschlandaufenthaltes um die Taverne!" Tilman war ein wenig in Sorge, weil er seinen Sohn seit Tagen nicht hatte erreichen können. „Mach ich gerne!", sagte ich dazu. „Morgen! Wollte die Tage sowieso hinauf. - Und, sonst alles gut bei dir?" Kleine Pause. „Och ..., bis auf mein Bein, jaaa ... und die Finanzen ..., wie immer 'n büschen mau, mager, aber nicht hoffnungslos!" Ein Lachen, eine virtuelle Umarmung, ein „Tschüss!"

„Ich möchte morgen nach Livanianá. Ist jemand dabei?"
„Ja", sagte Olga spontan, „ich mag gerne mit!"
„Und ich ...", gab Katharina dazu, „ich möchte morgen nix, außer am Strand dösen, lesen, schlafen und Leute gucken."

Hinni und Marion wollten wieder mit ihrem Boot aufs Meer hinaus und anschließend erneut mit uns gemeinsam im Xenia zu Abend essen. Wir bestellten für den nächsten Tag, für 21 Uhr, bei Georgos einen Tisch, speisten genüsslich zu Ende, sagten uns in den Arm nehmend „Gute Nacht!" und machten uns zu unseren jeweiligen Schlafplätzen auf. Olga und Katharina sich zu ihren Betten in Zimmer 206 auf der zweiten Etage des Xenia. Hinni und Marion zu ihrer Doppelkoje auf der „Piccolo Mondo" und ich, nach einem romantisch-nächtlichen Schlendergang mit Micháli, zu meinem Einzelbettchen, rechtsseits der Kajütentür.

Micháli ließ es sich nicht nehmen, Mutter und Tochter am

Morgen nach Loutró zu fahren. Während Olga und ich bei Christina im Sífis einen Mountain Tea genossen, gönnte Micháli sich sein erstes Bier. Auch Christina erlaubte, mir zur Freude, das Auslegen meiner Buchpostkarten. „He!", bemerkte sie nicht ohne Stolz, „The photo is from here. You at the counter of my café! - He! Das Foto ist von hier. Du an der Theke meines Cafés!" Es tat gut, wie wohlgesonnen alle bereit waren, mich beim Bekanntmachen meines ersten Buches zu unterstützen.

„Will you be back this evening?",
fragte Micháli zum Abschied.
„We will! At nine at Xenia with the
whole family for dinner."
„I'll be there too,
maybe we'll eat together."
„We hope so!",
sagten wir, ihn lachend in die Arme nehmend.
„Adío and yes, we'll meet at nine!"

„Seid ihr heute Abend zurück?",
fragte Micháli zum Abschied.
„Ja, um neun im Xenia mit der
ganzen Familie zum Abendessen."
„Ich werde auch dort sein,
vielleicht essen wir zusammen?"
„Das wollen wir doch hoffen!",
sagten wir, ihn lachend in die Arme nehmend.
„Bis dann und ja, wir treffen uns um neun!"

Für heute wählte ich für Olga und mich den leichten Weg um die Loutroer Landzunge herum, vorbei an der kleinen weißen Kirche, über die weite Ebene zum Old Fínix. Alles war schön wie immer. Der seicht ansteigende Weg, das Burggelände zur Rechten, der Steinkranz davor, die windschief gewachsenen Bäume und der griechische, blassblau verwitterte Stuhl, der sich wie in den Jahren zuvor Kurzzeitig-verweilen-Wollenden als Pausenplätzchen anbot.

Als Olga und ich uns dem Burggelände näherten, vernahmen wir leises Flötenspiel. „Wie lieblich ...", dachte ich und „Sue ..." und, dass ich ihr immer mal wieder begegnet war, ohne große Worte ihrem Flötenspiel gelauscht hatte.

Sue stammt aus England, aus der Nähe Londons, und verbrachte wie ich seit Jahren im Frühjahr wie im Herbst je einen Monat auf Kreta. Meistens begegneten wir uns während unserer Kretazeiten rein zufällig, mit großer Freude, ohne es zu erwarten, irgendwo im Bereich der Sfákia. In Loutró in einer der am Wasser liegenden Tavernen. Oberhalb der Bucht von Mármara auf einen Orangensaft bei Vasíli. Auf einer der Fähren. In Livanianá bei Tilman oder auf einem der Wege von hüben nach drüben.

Heute war es im Bereich der verfallenen Burgruine oberhalb Loutrós, unweit der kreisrunden, mystisch anmutenden, vor langer Zeit von Menschenhand gelegten Steinspirale. Sue saß, ihrem Flötenspiel frönend, mit gekreuzten Beinen im Schatten einer der großen Platanen auf einem Felsblock an der Südseite der Burg mit Blick übers Libysche Meer. Ihre schlohweißen Rasterzöpfe, hüftlang. Ihre Haut, englisch hell. Ihre Augen, dunkel umrandet. Ihre Kleidung, schwarz. Ein zauberischer Anblick, ein verwunschener, ein aus alter Zeit entsprungener. Aphrodite mit sanftem Flötenspiel, ihr selbst zur Lust, den Göttern zur Freude.

„Sue!" - „Elisabeth!" - „How beautiful!" - „Wie schön!"

Ich stellte ihr Olga vor. Sie sagte erneut:

„How beautiful! The same face like yours.
Unmistakable. Clearly mother and daugther."

„Wie schön! Das gleiche Gesicht wie deins.
Unverkennbar. Eindeutig Mutter und Tochter."

Auch wenn Olga und ich um die Unterschiede unserer Gesichtszüge wissen, sind wir uns unserer Ähnlichkeit dennoch bewusst. Wir freuen uns über das Bemerken anderer. Lächeln dazu und erzählen, meist ich, die eine und andere Anekdote dazu. Olga ist die liebliche, ich die herbe, so, wie es sich bei Jung und Alt, bei Müttern und Töchtern leicht einstellt.

Wir, erst Olga und Sue, dann Sue und ich, nahmen uns zum Abschied in die Arme, wünschten uns, wie all die Jahre, eine entspannte Kretazeit und ein weiterhin zauberhaftes, berauschendes Leben. Verbeugten uns königlich voreinander, winkten uns im Umdrehen noch einmal zu und gingen unserer Wege.

34.

Oberhalb des Old Fínix stiegen wir über den alten Eselspfad hinauf nach Livanianá. Wenn ich bedenke, wie sehr mich mein erstmaliges dort Hinaufsteigen, mit meinem 13 Kilogramm schweren Rucksack, Nina und Schäferhund Jackomo folgend, an meine Grenzen gebracht hatte, durften Olga und ich auf unsere flotte Gangart an diesem Tag geradezu stolz sein.

Olga, meine inzwischen dreißigjährige Tochter, weilte auf dieser mit meiner Schwester spontan angetretenen Reise das erste Mal auf Kreta. Sie hatte immer mal wieder Katharinas und meinen begeisterten Reise-Erzählungen gelauscht, war Michàli im Januar diesen Jahres in Hamburg während seines Deutschlandaufenthaltes begegnet und hatte das Manuskript meines Warrum nicht! als eine der Vorableserinnen aufmerksam studiert.

„Mama, es ist so schön wie in deinem Buch und wie
in Tante Katharinas Erzählungen, und es ist auch
ein bisschen verrückt wie Michàli, und wenn ich's
genau betrachte, ist es in allem noch ein wenig mehr,
insbesondere mehr schön!"

FIX

Hotel
Restaurant
OLD PHOENIX
Beach 500m
Villa Lisa
Appartement

·NIKOS·
RESTAURANT
"THE SMALL PARADISE"

ΠΑΡΑΚΑΛΩ
ΚΛΕΙΝΕΤΕ ΤΗΝ ΠΟΡΤΑ
ΟΤΑΝ ΠΕΡΝΑΤΕ
PLEASE
CLOSE THE DOOR

„Da bin ich dann ja mal gespannt,
wie dir Tilmans Taverne gefallen wird."
„Ich auch. Ist es noch weit?"
„Halbes Stündchen, denk ich mal."

Wir nahmen die letzten Kehren, die letzten Steigungen und betraten, nachdem wir die ersten Gebäude Livanianás erreicht und passiert hatten, sichtlich erleichtert die asphaltierte Dorfstraße. Vor der Taverne stand wie eh und je Tilmans ausrangierter, ausgeblichen blauer R4. Darunter, Ziegen in ihrer Mittagsruh.

Auf der Tavernenterrasse war kein Mensch zu sehen. Wir lösten die Kette, öffneten das Rollengittertor, traten ein, schauten uns um und riefen: „Jemand zu Hause?" Aus dem Küchentrakt kam ein „Komme gleich!" und „Wenn ihr mögt, setzt euch schon mal!" Kurz darauf kam Simon auf die Terrasse, leicht verschlafen, mit freundlich verschmitztem Blick.

„Naaa Simon, ... alles gut?", fragte ich.
„Jaaa, is gestern nur 'n bisschen spät geworden."

Ich erzählte ihm, dass sein Vater mich angerufen habe, dass er seit Tagen versuche, ihn zu erreichen, und dass er sich ein wenig sorge.

„Verdammt, Mensch - wollt' seit Tagen meine Handykarte aufladen und hab's irgendwie nicht geschafft - echt blöde!"

„Und - wo kann man das machen?"
„Unten in Chóra Sfakíon."
„Wollt ihr was trinken?"
„Gerne!"

Ich wünschte einen verlängerten Kaffee und eine Cola light, Olga eine Zitronenlimonade. Beim Plausch erfuhren wir dann, dass ihn das abendliche Alleinsein hier oben ganz schön fordere. Tagsüber mit den Gästen ginge es ja, aber abends, wenn keiner bliebe, wär's ziemlich schwer. Dazu müsse er nicht nur fürs Handyaufladen hinunter nach Chóra Sfakíon, sondern ebenso dringend für den Einkauf tavernenrelevanter Vorräte zum dortigen Großmarkt. Wäre kaum noch etwas in den Regalen. Wir überlegten. - Wir dachten nach.

Olga und ich wollten gegen 18 Uhr die Fähre in Loutró erreichen. Jetzt war es kurz vor zwölf. Für die Fahrt zum Großmarkt, den Einkauf und zurück bräuchte Simon an die drei Stunden, höchstens vier. Für den Fußweg hinunter nach Loutró sollten Olga und ich mindestens eine Stunde einplanen.

„Also, zwölf plus vier macht vier plus eins, fünf."
„Dann hätten wir noch 'ne Stunde für Unvorhergesehenes!"
„Gut, was brauchst du?"

Während Simon sich frisch und „stadtfein" machte, rief er uns Punkt für Punkt, Stück für Stück, Artikel für Artikel, alles für die Einkaufsliste zu. Er kramte sein Geld zusammen, überprüfte die von mir nachgefragten Wichtigkeiten, wie Zucker, Mehl, Hefe und Streichhölzer, und bat uns, ihm beim Umladen der im R4 zwischengelagerten Müllsäcke in den angemeldeten grünen Passat Combi behilflich zu sein. Als alles getan war, fragte er, ob wir auch wirklich klarkämen, was wir, für ihn beruhigend, mit: „Sicher, und komm du uns nur heile hin und her!", beantworteten.

Er stieg in den Wagen, ließ ihn an, winkte mit dem linken Arm aus dem heruntergekurbelten Seitenfenster, hupte zweimal und fuhr Schotterstaub aufwirbelnd davon.

„Dieser Junge ...!", sprach ich kopfschüttelnd.
„Ja Mama", erwiderte Olga, „er ist noch jung!"

35.

Seit meinem ersten Besuch in der Taverna Livanianá, den darauf folgenden Aufenthalten und der hier mit Nina gemeinsam verbrachten Tavernenzeit im Frühjahr 2012 hatte ich an und mit diesem Ort, wenn ich sie überhaupt je gehabt hatte, keinerlei Berührungsängste mehr. Ich kannte jede Ecke, jeden Winkel, jeden Arbeitsschritt. Konnte Tee, Kaffee und Kaltgetränke, Pfannekuchen, Yaurti me Meli, griechischen Salat, die frisch geschleuderten Orangensäfte und wusste dazu, welche Ordnung dieser Taverne am besten tat.

„Wollen wir's hier ein bisschen richten?", fragte ich Olga, was sie mit „Ja, das wollen wir gerne!" und „Du kannst es ja eh nicht lassen!", schmunzelnd beantwortete. Wer seit seiner ersten Stunde an der Mutter Seite weilt, sollte ihre Marotten wohl kennen. Ungeordnetes war niemals meins, wobei ich Staub und ungeputzte Fenster wunderbar übersehen kann, genau wie Dinge, die einfach noch nicht an der Reihe sind oder bei denen mir das Ändern gerade keine Lust bereitet.

Waren wir schon hier, konnten wir auch eben alles in Ordnung bringen, alles richten. Einmal durch alles durch und gut! Olga machte sich an den Terrassenraum, ich mich an die Theke und den Abwasch. Kamen Gäste, bewirteten wir sie gemeinsam. Bewirten, plaudern, Buchinformationen weitertragen und geräuschloses Ordnen gingen bei uns Hand in Hand und gleichzeitig. Zwischendurch verschwand ich in der Küche. Erkennend und scannend, den Ablauf einspeichernd, dort eins nach dem anderen in bester Reihenfolge gesäubert und ordentlich an sinnvolle Plätze zu bringen, war für mich, auch wenn ich hier gerade die Mutter war, ein Kinderspiel.

Nostia
HARVIN
Pineapple Slices
Braten

„Komm Mutter ...", sprach Olga, „... ein Päuschen!"

Und schon hatte das Kind mir einen Kaffee hingestellt.

Kann man sich die Freude und Herzenslust vorstellen? Da sitze ich mit meinem Kind, plaudernd in der mir liebsten Taverne meines Kretas, beim Kaffee, mit Blick über das Tal auf das weit entfernte Libysche Meer und dem darüber schwebenden blauen, wolkenlosen Himmel, meinen vor ein, zwei Jahren geäußerten Wunsch erinnernd, ihn ihr erzählend, inmitten der Erfüllung desselbigen.

„Was - der Erfüllung des was?"
„Des Wunsches - inmitten der Erfüllung des Wunsches!"
„Ah ja, der Erfüllung des Wunsches. Welchen Wunsches?"
„Ich hier mit meinem Kind gemeinsam auf Kreta!"

Es war im 32. Kapitel meines zweiten Buches. Es war nach der Begegnung mit Cornelia und deren Tochter Sophia. Es war der Wunsch, die Insel meines Heimatgefühls eines Tages auch mit meiner Tochter zu bereisen. Es war in Loutró und in der Tilmanschen Taverne. Und es war „Erde an Mutter", Sophias leiser Ruf zur Mutter hin, wenn Cornelia mal wieder in Gedanken versunken, mit uns am Tische sitzend, außerhalb unseres Gespräches, unserer Unterhaltung weilte.

Auch wenn Olga und ich die Zeit fast vergessen hatten, hatte Simon seine Aufgabe in der dafür vorgesehenen gut erfüllt. Kurz nach vier, um 16:15 Uhr, stand er, dreimal hupend, mit vollgeladenem Fahrzeug, direkt vor dem Rollengittertor der Tavernen-Terrasse.

„Alles erledigt?", fragte ich ihn.
„Ja, alles erledigt und auch schon mit dem Vater telefoniert."

„Das ist gut! Da braucht er sich nicht länger zu sorgen."
„Soll euch schön grüßen und danke sagen."

Beim Betreten des Terrassen-Raumes klatschte Simon begeistert in die Hände. „So müsst es hier immer ausschaun!", schwärmte er und erzählte dazu, dass Tilman ihn schon vor meinem Ordnungssinn gewarnt habe. „Nee, nee ...", lachte er, „vorgeschwärmt, Elisabeth, ... er hat mir davon vorgeschwärmt und mir gewünscht, dass ich es heute selbst erleben dürfte!" Er kam auf uns zu, nahm erst Olga in den Arm und dann mich und ergänzte: „Danke euch beiden - Elisabeth, vielen, vielen Dank! Ich werd's zu bewahren suchen!"

Der Stand der Uhr ließ uns gerade noch Zeit, ihm beim Ausräumen des Wagens zu helfen, seine Bewunderung ob der hervorragenden Küchenordnung über uns ergehen zu lassen, Fotos vom ordentlichen Überall zu schießen, den „Jungen" zum Abschied erneut in die Arme zu schließen und den Tipp loszuwerden, dass das Aufräumen vor dem Schlafengehen für den Erhalt der gesamten Tavernen-Optik und einen guten Arbeitsablauf am Folgetag ungemein hilfreich sei.

Olga und ich wählten als Rückweg den unkomplizierten über die Schotterpiste. Flott, ohne zu denken, singend, plaudernd oder auch schweigend folgten wir Stück für Stück, Kurve um Kurve der bergab führenden Straße. Wir winkten dem Small Paradise zu, der Taverna Akrogialikos, Chicken George House, ja, gleich der ganzen Lykos-Bucht. Liefen oberhalb des Old Fínix', streiften die Burg, die Ruine des halb verfallenen Kastells oberhalb Loutrós, und grüßten, ohne von ihrer wirklichen Existenz zu wissen, jene, die dort wohnen mochten.

Ein Blick auf die Uhr. „Noch wäre Zeit für den schöneren Weg", sprach ich zu meinem Kind, was Olga mit den Worten:

Mojito
Bar

MOËT

Warum nicht !

„Dann lass ihn uns gehen!", freudig beantwortete, und so folgten wir dem längeren Pfad, mit dem durchgängig möglichen Blick auf die Bucht von Loutró, oberhalb seines Häuserkranzes bis hinunter zum Zigarettenkiosk gegenüber des Stadtstrandes an der Uferpromenade. Bis auf ein paar kurze Abschnitte waren wir an diesem Tag während unseres Wanderns kaum ein Stück des Weges doppelt gegangen.

„Und ...", fragte ich Olga,
„war das bitte ein schöner Rundwanderweg?"
„Ja, Mama ...", war ihre Antwort,
„das war er, und er macht mir Lust auf mehr!"

Ob das wohl genau das war, was ich hatte hören wollen?

Lust auf mehr ...!
Lust auf mehr von meinem Kreta.
Lust auf weitere gemeinsame Reisen.
Lust auf weiteres gemeinsames Erleben.
Lust auf mehr von unserem Mutter-Tochter-Miteinander.

36.

In den folgenden Tagen wurde Chóra Sfakíon zu unserem Familienwohnzimmer. Wir trafen immer und überall irgendwie aufeinander. Auf der Terrasse des Xenia, an Michális Taxiboottisch, im Léfka Óri, bei Déspina, auf der Terrasse des Delfíni, vor und auf der „Piccolo Mondo" und in front of the Diving-Center. War Katharina außer Sicht, fanden wir sie meist lesend am Strand, unterhalb der Taverne der Drei Brüder. Stand Olga auf der Vermisstenliste, saß sie immer wieder im Gespräch mit Manoúsos und Claudiu im Obrosgialos. Mich traf man hier und dort, den Bruder in aller Früh beim Bäcker in zweiter Reihe und Marion lesend oder Leute schauend im Café am Fähranleger.

Als Michàli uns „Today we have to go to Mesohóri! - Heute müssen wir zum Mesohóri!" sagte, war es Gesetz. Wir machten uns fein und wanderten zur rechten Stunde, zur blauen, zu fünft über die ortsauswärts führende Straße, den Höhenunterschied überwindend, ein viertel Stündchen den Berg hinauf. Der Maestro war schon dort und bat uns an den für uns reservierten Tisch. Mit sonorer Stimme sprach Michàli: „First a raki for everyone! - Zuert für jeden einen Raki!" Georgos, der Wirt vom Mesohóri, wartete mit seiner Rakiflasche speziale auf. Am Grund der Flasche, drei um einen Tisch drapierte, von selbst gebranntem Raki umspülte, in griechische Trachten gekleidete Musikanten aus Speckstein.

„Come into the kitchen to see what you want to eat!"
„Kommt in die Küche, um zu sehen, was ihr essen möchtet!"

Wir wählten aus jedem Topf, aus jeder Auflaufform, ließen alles in die Tischmitte stellen und genossen querbeet. Platten

CHANIA

mit Gemüse, Salaten, Kartoffelgratin, gefüllten Zucchiniblüten, Hähnchen in Zitronensauce, alles wurde hin- und hergereicht. Wir besprachen und vergaben Geschmacksnoten, tranken dazu Wasser, Wein und Bier, Cola light und Limonade und bestellten am Ende vom besten nach - dem Hähnchen in Zitronensauce.

Übermorgen würden Hinni und Marion ihren Rückweg antreten, und so nahmen wir unser heutiges Abendgelage als Abschiedsessen für Bruder und Schwägerin, die Süßspeise aufs Haus als Symbol für die süße Seite des Lebens und den Abschlussraki als Versprechen, wiederzukehren. Leicht weinbeseelt traten wir den Heimweg an. Am Dorfplatz - Gutenachtumarmungen. Katharina und Olga bogen auf die Uferpromenade zum Xenia ab, Micháli, Bruderherz, Schwägerin und ich zum neuen Hafenbecken.

„Tired - müde?", fragte Micháli.
„A little - ein wenig!", antwortete ich.
„To tired - zu müde?", er dazu, was ich nur mit:
„Allá óchi! - Aber nein!", lachend beantworten konnte.

Natürlich war ich nicht zu müde. Wir verabschiedeten uns von Hinni und Marion mit „Kaliníchta" und verweilten mehr oder weniger schlafend, vor schönster Kulisse bestens inszeniert, bis zum Morgengrauen auf Michális Schlafboot.

Die Nacht - sternenklar.
Der Hauch des Windes - leicht.
Das Plätschern der Wellen - beglückend.
Das Tuckern der ausfahrenden Fischerboote - atmosphärisch.
Der sich sanft auf- und abbewegende Bootskörper - beruhigend.
Der sich im Meerwasser spiegelnde Mond - stimmungsvoll.

Frühe Morgende haben einen besonderen Reiz. Diese langsam beginnenden Tage sind sacht. Alles kommt ruhig daher, schleichend. Das Leben im morgendlichen Dunst, wie in Watte gehüllt. Jeder Laut kommt durch die nebelige, leicht feuchte Luft gefiltert an unser Hören. Bewegungen sind geschmeidig. Küsse zart. Abschiede liebevoll. Ein Lächeln, zwei Lächeln, ein paar rückwärts gehende Schritte. Ein letztes Winken. Ein letzter Luftkuss. Ein Hauch von Wehmut. Ein Herz voller Liebe. Tränchen in den Augen - hoffen wir mal, vor Glück.

Auf der „Piccolo Mondo" war es ruhig. Wellenwasser schwappte leise an Bug und Kaimauer. Ich zog den Segler vorsichtig in meine Richtung, setzte den rechten Fuß auf die doppelt breite Holzplatte und stieg leichtfüßig an Bord. Leicht und einfach, wie selbstverständlich, einfach und leicht. Die Luke stand beidseitig weit offen. In der Einpersonenkoje mit Blick gen Süden, wohlig warm in meinen Schlafsack gekuschelt, wog mich das seichte Schaukeln des Bootes in einen traumschönen Schlaf.

37.

Der neue Tag brachte, bis auf einen von Micháli wahrlich ernst gemeinten, im Nachhinein eher als amüsant zu betrachtenden Auftritt, kaum Erzählenswertes hervor.

Claudiu, der junge Mann vom Obrosgialos mit dem bezaubernsten Lächeln Chóra Sfakíons, erschien während seiner Nachmittags-Pause im weiten Bereich des Xenia zu einem Kaffee-Plausch mit meiner Olga. Die zwei sind einfach herzig miteinander. Sie lachen und scherzen, plaudern gestenreich, zeigen sich einander wohlwollend zugewandt, mit unübersehbarem Flirtanteil.

Freundlich kam er daher, geradezu strahlend. Ein Falschdeuter, der da Böses vermuten wollte. Die jungen Leute gingen aufeinander zu, lächelten sich an und nahmen sich, ein paar Worte tauschend, herzlich in die Arme. Als ich die beiden so miteinander sah, dachte ich „Nett!" und „Wie gut sie einander doch stehen!"

Anders Micháli. Als er die beiden sich an den Nachbartisch seines Taxiboot-Office-Tables setzen sah, erhob er sich von seinem Platz am Geländer der Xenia-Terrasse, ja - sprang geradezu auf und bewegte sich forschen Schrittes, fast marschierend, die mittleren Steinstufen hinunter, den Vorplatz des Xenia überquerend, schnurstracks auf Olga und Claudiu zu. Sein Gang, sein Blick ließen nichts Gutes erahnen. Er baute sich vor Claudiu auf, forderte ihn dazu, sich zu erheben, und drängte ihn, nachdem Claudiu seiner Aufforderung gefolgt war, vom Tisch weg in eine leicht abgelegene Ecke rechtsseits vom Xenia.
Micháli sprach klar, zu Anfang leicht zischend, noch leise,

dann, als Claudiu seinen Worten nicht folgen wollte, immer lauter werdend, mit drohendem Unterton.

Er habe hier nichts verloren, solle sich vom Acker machen, verschwinden, seine „Tochter" in Ruhe lassen.

„Take the other girls, not Olga!"
„Nimm die anderen Mädchen, nicht Olga!"
„You are more mafioso than me - dissapear! - Go!"
„Du bist ein größerer Mafioso als ich - verschwinde! - Geh!"

Sie gingen gegeneinander an. Claudiu, nicht weichen wollend. Micháli, nicht nachlassend. Olga kam hinzu. Ich ebenso. Beide Männer bäumten sich auf. Micháli mit seinen 198 Zentimetern auf gute zwei Meter zehn. Claudiu, vielleicht einen Meter vierundziebzig gewachsen, auf vielleicht einen Meter zweiundachtzig.

„Stop Micháli, what's up?"
„Halt Micháli, was ist denn los?"

„Olga is not the right girl for this!"
„Olga ist dafür nicht das richtige Mädchen!"

„For what Micháli, for what? - Für was Micháli, für was?"

„He is more mafioso than me! - Er ist mehr Mafioso als ich!"

„Wie entzückend ...", dachte ich, „aber muss es gleich so sein?"

Der gefühlte Vater wollte sein „Mädchen" vor diesem jungen Mann beschützen, vor diesem Mafioso, diesem vermeintlichen Schürzenjäger, diesem aus Rumänien stammenden jungen Mann mit dem bezaubernsten Lächeln ever.

Nach einigen klärenden und schlichtenden Worten ließ Micháli von seinem Vorhaben ab. Olga und Claudiu verschwanden über die zum Hafenbecken hinabführenden Stufen aus seinem Sichtfeld. Micháli und ich begaben uns zurück an unseren Tisch auf der Terrasse des Xenia.

„Micháli, Olga is old enough. A little flirt is nice.
They are just friends, my dear, don't worry!"

„Micháli, Olga ist alt genug. Ein kleiner Flirt ist schön.
Sie sind nur befreundet, mein Lieber, keine Sorge!"

Der folgende Morgen begann, wie am Tag zuvor, früh. Gegen sechs stand das von meinem Bruder vorbestellte Taxi pünktlich, in die richtige Richtung schauend, parallel zur Kaimauer. Ich hatte meine Lieben, Hinni und Marion, bei ihren Katzenwäschen und beim Packen der letzten Reiseutensilien mit geschlossenen Augen von meiner Schlafkoje aus beobachtet. Meine Ohren hatten gelauscht, meine Gedanken die passenden Bilder dazu erstellt. Als das Taxi vorgefahren war und das Gepäck von Bord gehoben, stieg ich aus meinem Bettchen, Bruder und Schwägerin noch einmal in den Arm nehmend zu verabschieden.

„Schön war's!" - „Ja, schön war's!"
„Machen wir wieder!" - „Ja, machen wir wieder!"
„Guten Flug und kommt gut heim!"
„Genieße mit Olga und Katharina eure Mädchenzeit!"

Auch hier war ein wenig Wehmut im Spiel und Glück und Freude, ist es doch nicht unbedingt selbstverständlich, dass drei sich auf einem Boot für mehrere Tage so fein und friedlich arrangieren.

Am kommenden Mittwoch würde Katharina am späten Vormittag den Bus nach Chaniá für ihren Flug nach Hannover nehmen. Am drauffolgenden Samstag Olga und ich den gleichen für eine letzte Nacht dort und unseren am folgenden Nachmittag startenden Heimflug nach Hamburg.

Wir drei füllten unsere vier verbleibenden Mädeltage mit kleinen Wanderungen durch uns bisher unbekannter Schluchten im Bereich der Sfákia.

Askífou - Asfendóu - Kallikrátis.

Wir genossen das üppige Blühen auf kleinen Hochplateaus, das Erhabene der kargen Weißen Berge, das Leere und die Einsamkeit verlassener oder von nur noch wenigen Menschen bewohnter Dörfer und, wenn Appetit, Ort und Zeit zusammenfielen, ortstypische Speisen in einfachen, vor unseren Augen am Wegesrand unerwartet auftauchenden Tavernen.

Dazu genossen wir unsere Zeit, unser Nichts-Müssen und uns.

Im kleinen Lebensmittelladen an der Uferpromenade Chóra Sfakíons hatte uns der junge Besitzer einen Mietwagen vermittelt. In der Wartezeit deckten wir uns mit Obst, Käse, Brot, Nüssen, Wasser und allerlei anderem ein. Für hohe und kühlere Temperaturen hatten wir alles dabei. Fürs Gehen reichten unsere Wanderschuhe und für unvorhersehbare Eventualitäten das, was wir dazu noch eingepackt hatten: Aspirin, Hackenpflaster, Zahnbürsten, Toilettenpapier, etc. - et cetera pp.

Et cetera - für die übrigen Dinge und für usw.
pp - für perge, perge, wie fahre fort, fahre fort.

Wir erwarben eine topographische Karte der näheren Umgebung, über deren Außengrenzen hinaus wir uns nicht bewegen wollten.

Katharina fuhr. Das Kind saß mit der Karte auf dem Beifahrersitz daneben. Ich, in zweiter Reihe auf der Rückbank hinter ihnen. Eine gute, uns entsprechende Platzaufteilung:

Die Mutige lenkte und fuhr den Wagen. Die mit allzeit klarem Durch- und Überblick Ausgestattete, wegweisend daneben. Und ich, die für Wort und Bild Zuständige, saß, außerhalb jeder tragenden, verantwortungsvollen Rolle, auf der rückwärtigen Sitzbank des kleinen Vehikels, mit freier Sicht in alle Himmelsrichtungen.

Beschriebe ich diese zwei Tage bis ins Kleinste, würde es für diesen Band den Rahmen sprengen. Doch so viel sei gesagt:

Es war von allem dabei, und diese beiden Tage zählen, auf den Titel des Buches bezogen, ohne Abstriche zum Part seines Untertitels: Vom Zauber des Augenblicks.

Olga und ich zogen nach Hinnis, Marions und Katharinas Heimfahrt aufs Boot. Zwei in einem Boot, in einem Bootsbauch, mit einer Nähe, wie sie Eltern und Kinder diesen Alters eher selten miteinander erleben. Nicht, weil sie es nicht könnten, mehr, weil sie es nicht tun. An dieser Stelle eine Empfehlung an Mütter und Töchter, Väter und Söhne:

Nehmt euch dann und wann diese Zeiten zu zweit, der Eltern- und Kinderrolle entschlüpft, entwachsen, und erlebt euch von Frau zu Frau bzw. von Mann zu Mann, im erwachsenen Gegenüber, in Zeiten, da keiner den anderen braucht - weder zum

Schutze noch zur Sorge, noch zur Pflege - gleichberechtigt, auf Augenhöhe, im Hier und Heute, wahrhaftig, ohne den Schutz einer verschleiernden Maske.

Beim Schreiben der Worte „Zwei in einem Boot" kam mir der gleichnamige Titel von Peter Maffay in den Sinn. Mein Kopf summte unaufgefordert die Melodie. Der Text gesellte sich dazu, und ich dachte: „Ja!" und „Wie schön!" und „So ist das mit der Liebe und dem Wohlgefühl, mit dem Himmel, dem Mond und den Sternen."

Zwei in einem Boot - Peter Maffay

Seit der Hafen schläft, ist Ruhe in der Ferne.
Kleine Lichter glüh'n, ein Himmel voller Sterne.
Zwei in einem Boot, draußen auf dem Meer,
lassen diese Nacht nicht ungenutzt.

Und der Mond taucht auf, er wandert durch die Wolken,
um nach Stunden dann wieder einzutauchen.
Die Zwei im selben Boot, deuten ihre Sterne.
Wünschen sich, dass diese Nacht, sie niemals mehr verlässt.

Und der Wind weht in die Segel, und die Flut bedeckt die Ufer,
die Nacht verliert die Sterne, an den Tag, den neuen Tag.

Als ich am Tag vor unserer Abfahrt von meinem vorerst letzten Liebesmiteinander mit Micháli auf der „Piccolo Mondo" zurück war, blinzelte Olga mich im Halbschlaf an. „Na ...", sagte sie mit einem Lächeln, „da bist du ja wieder!" Sie fragte mich, ob es für einen letzten Abend denn auch schön genug gewesen sei.

„Ja", antwortete ich,
„schön genug, geradezu himmlisch schön!"

Micháli und ich hatten uns geliebt, in den Armen liegend den Sternenhimmel betrachtet, dem Plätschern der Wellen gelauscht, Sternenbilder gedeutet und benannt, den Mond geschaut, uns unser künftiges Miteinander ausgemalt, die Kontaktmöglichkeiten unserer getrennt verbringenden Sommerzeit aufgezeigt, uns auf unsere nächsten gemeinsamen Kreta-Wochen gefreut und auf den darauffolgenden Winter in meinem ostfriesischen Zuhause.

„My laptop is broken - mein Laptop ist kaputt", sagte er mir, genauer sagte er „kaputten", wie er mir alles, was nicht mehr recht funktionieren wollte, gerne mit diesem, dem Deutschen entliehenen, ins Englische eingefügte Wort, beschrieb. „This could make our skype difficult! - Das könnte unser Skypen schwierig machen!", ergänzte er, und so entschied ich, ohne wenn und aber, ihm mein kleines rotes Laptop über die Sommermonate für einen ungehinderten Skype-Kontakt dazulassen. „No problem!", sagte ich, „Kein Problem, du wirst es mir im Herbst wiedergeben! - You will give it back to me in autumn!"

Ich kopierte mir die für mich relevanten Text- und Bilddateien auf einen Stick, richtete ihm zu meinem eigenen einen zweiten Zugang, mit persönlichem, nur ihm bekannten Passwort ein und sagte ihm beim Überreichen meines Reise-Laptops: „Here you are - bitte sehr!" und dass er gut auf mein „Kleines Rotes" Acht geben möge.

Sollten wir in unseren voneinander getrennten Zeiten, unseren Zwischenmonaten, keinen Kontakt miteinander haben, sollte es bitte nicht am fehlenden Equipment liegen. Mein Laptop, mein „Kleines Rotes", sollte zu diesem Zweck gerne hier bei ihm übersommern, den Kontakt zwischen den Liebenden dies- und jenseits der Alpen möglich machen, unser Liebesmiteinander zu fördern.

Abschiede waren mir immer schon weniger der Weggang vom einen als das Hinwenden zum anderen. Ich gehe selten mit Wehmut, freue mich eher und mehr auf das, was vor mir liegt. Auf mein Nachhausekommen, meinen Laden, meine Leute, mein Gewohntes, mein Alltagsleben, und in diesem Falle noch dazu auf meine vorerst letzten Stunden mit meinem Tochterkind. Auf unsere gemeinsame Busfahrt, unsere kleine Zeit in Chaniá und unseren gemeinsamen Rückflug. Käme ich in einen freudlosen Alltag zurück, möchte das anders sein, anders aussehen, doch so war, ist mir beides gleichermaßen gut.

38.

Nach dem Bezug unseres Zimmers führte ich Olga durch die Altstadt Chaniás. Ich zeigte ihr, was ich liebte. Stellte sie meinen beiden liebsten Ladenbesitzerinnen vor. Schlenderte mit ihr am alten venezianischen Hafenbecken entlang. Wies auf den alten Leuchtturm am Ende der Mole. Fotografierte sie in einem der Figurenbögen der dickwandigen Mauern der Hasan-Pascha-Moschee. Zeigte ihr das Arsenáli Megálo, die zwei verbliebenen Speicherhäuser am Ende des Hafenbeckens und Andreas' mit Bougainvilleen bewachsenes Haus, in dem Michàli und ich zu Beginn meiner diesmaligen Reise zwei Tage genächtigt hatten.

„Koutouroúki", las Olga auf einem Schild.
„Schau mal Mama, sieht das mal nett aus?"
„Ja, sehr schön. - Kenn ich noch gar nicht."

Zwischen zwei Häuserreihen an einer unspektakulären Einkaufsstraße, eine heimelige Taverne zum Speisen und Verweilen. Ein schmaler langer Gang mit bemalten Wänden. Viel Gelb. Viel Grün. Viel Orange. Viel Himmelblau. Der Fußboden aus unregelmäßigen Steinplatten in abgewetztem Beton. Türkis-, orangefarbene und naturbelassene griechische Holzstühle mit geflochtenen Sitzflächen an antiken Holztischen. Schmale Bänke. Bunte Kissen. Ein buntes Fahrrad auf einem Podest. Eine bemalte Regentonne. Farbige Fensterläden. Eine Wellblechwand in verlaufenen Regenbogenfarben. An den Wänden, gemalte Blumen und Blätterranken, schaukelnde Papageien und Libellen mit glitzerndem Flügelschlag. Gen Himmel, den Terrassenraum überspannend, rankende Gewächse mit zarten Rispen und üppigem Blattgrün. Daran hängend, kleine bunte Schaukeln an hellen Tauen. Viel fürs Auge. Viel zum Schauen und Wohlfühlen.

Wir wählten mit Spinat und Schafskäse gefüllte Sesamblätterteigtaschen, griechisch anmutenden Salat mit Algengrün, ein, zwei, drei Gläschen mundigen Rotwein für zwei und eine süße Speise mit begleitendem Mokka. Wir verweilten. Wir genossen das fröhlich naive Bunt und das Treiben vorbeischlendernder und einkehrender Menschen. Kamen mit dem ein oder anderen ins Gespräch. Gaben hie und da eine meiner Buchpostkarten weiter. Zahlten zu später Stunde die Zeche und lobten dabei das gelungene Ganze dieser heimeligen an so nüchterner Straße ansässigen Taverne.

Olga und ich fühlen uns wohl miteinander, sind eindeutig Mutter und Tochter, Mutter und Kind. Das Wort Freundinnen ist für unser vertrautes Miteinander nicht erforderlich. Solange sie als Kind in unserem Hause lebte, war sie, wenn auch mit viel eigener Meinung ausgestattet, nie der Boss. Heute ist sie der Boss ihres Lebens und ich der Boss meines. Ich denke, wenn ich meiner Sicht auf uns trauen darf und ihren Antworten auf meine dazu gestellten Fragen Glauben schenken, ist und war unser Miteinander stets offen. Wir wissen um unser Denken, unser Tun und unsere Sicht auf die Dinge.

Wer sich und seine Nächsten nicht gängelt, nicht verurteilt, ihr Denken und Handeln akzeptiert und nicht kleinmachen muss, sie neben sich groß werden und sein lassen kann, darf von der Wahrhaftigkeit seines Gegenübers ausgehen. Olga und ich wissen, dass wir uns lassen, einander lieben und wertschätzen, da braucht es der Beteuerung dazu keine ständig wiederholende Erneuerung.

Taverna
Koutourouki

„Alles gut?" - „Ja, alles gut!"

Unser Miteinander. Der abendliche Speise- und Weingenuss. Der nächtliche Gang über die belebten Straßen Chaniás vom Koutouroúki zurück zu unserem Nachtquartier. Der gute Schlaf bis zum Morgen. Der darauf folgende Weg zum Busbahnhof. Das kleine Frühstück dort. Der rechte Bus zum Flughafen und der dann folgende Rückflug nach Hamburg.

Alles schön! - Alles wohlwollend!
Alles Mutter und Tochter auf Augenhöhe!

Meine Ladenfrauen hatten Haus und Geschäft während meiner vierwöchigen Abwesenheit, wie schon in Zeiten vorangegangener Reisen, gut betreut. Selbst alles in den Regalen von mir vor meiner Abreise neu Dekorierte stand, bis auf das Verkaufte, an den für mich als optimal empfundenen Plätzen. Ich bemerkte das sehr wohl, freute mich darüber, lobte anerkennend mit: „Oh, là, là!" und dass ich bei dieser guten Ladenpflege doch alsbald wieder auf Reisen gehen könne. „Das kannst du!", sprachen Wilma und Almine geradezu im Chor.

„Das kannst du wirklich gerne, aber bitte nicht vor September!" Nach der von mir wie vor jeder meiner Reisen durchgeführten Neuordnung des kompletten Ladeninhaltes, hatte ich in diesem Frühjahr dazu sämtliche Regale, den gesamten Ladeninhalt, alles nach meinem Gefallen Angeordnete aufs Bild gebannt - jedes komplette Element und jedes seiner fünf bis sieben einzelnen Fächer. Der Grund dafür war mein Vorhaben zur Erstellung einer eigenen Ladenwebseite. Ich hatte die Fotos in einem Ordner auf unserem Geschäftslaptop hinterlegt, ihn meinen Ladenfrauen dort gezeigt und die scherzhafte Aussage dazu getan, dass, falls das ein oder andere Stück während meiner Abwesenheit nicht aufzufinden sei, es sich gegebenenfalls auf den Fotoseiten dieses Ordners wiederfinden ließe. Alles sei dort, wie im Laden auch, nach Farben und der Folge der Regale angelegt.

Als meine Schwester Katharina mich an einem der nächsten Wochenenden nach meiner Rückkehr von Kreta besuchen kam, erzählte sie mir amüsiert folgenden Fauxpas.

Kurz vor meiner Rückkehr habe sie dem Laden und seinen Frauen einen Besuch abgestattet. Fröhlich sei es dort zugegangen. Wilma im Gespräch mit Kunden in der Green-Gate-Ecke. Almine ordnend und räumend am anderen Ende des Ladens.

Ein „Hallo!" hier, ein „Hallo!" dort.

Mit Almine ins Gespräch gekommen, habe sie, Katharina, sich nach Almines Kaffeewunsch erkundigt, zwei Kaffee bereitet und sich erneut zu ihr gesellt. Als Katharina dabei einen Krug aus dem Regal genommen, ihn näher betrachtet und zurückgestellt habe, sei sie durch ein entsetzt klingendes „Nein!" aus Almines Mund geradezu erschrocken. „Was?", habe Katharina darauf verwundert gefragt, was Almine mit: „Nix - eigentlich nix, aber so steht er falsch!", lachend, ein wenig verlegen gar, zu erklären versucht habe.

„Wer steht falsch, Almine?"
„Der Krug, Katharina, der Krug!"
„Auweia - wer soll das nun bitte verstehen?"

„Der Krug steht falsch ...", wäre es Katharina dabei augenverdrehend durch den Kopf gegangen. „Der Krug steht falsch!", und ob in diesem Laden wohl noch alles mit rechten Dingen zugehe?

Almine habe ihr erklärt, dass sie und Wilma seit ein paar Tagen mit Hilfe der von mir auf unserem Ladenlaptop gespeicherten Bildergalerie dabei seien, alle Dinge wieder an die von mir für richtig erachteten Plätze zu bringen. Dazu habe sie auf das auf dem Laptop geöffnete Foto gewiesen, mit dem rechten Zeigefinger auf einen petrolfarbenen Krug mit weißen Punkten gezeigt und „Schau, Katharina ..., hier muss er stehen!", gesagt, „Genau hier, so weit von der rechten Regalseitenwand entfernt, leicht versetzt zum dazugehörenden Zuckertopf, neben den gleichfarbigen Henkelbechern."

„Aaah ja ...", habe Katharina darauf leicht stirnrunzelnd, sich den Inhalt der Aussage vor Augen führend, mehr oder weniger zu sich selbst sprechen hören: „Hat sie das angeordnet?" - „Wie bitte?" - „Hat SIE das angeordnet?" - „Nee, aber wir dachten, dass es sie erfreuen würde." Gemeinsames Lachen. „Verrücktes Volk!", habe Katharina darauf nur noch sagen können, was Almine mit: „Ja!" und „Alle miteinander verrückt!", breit grinsend bestätigt habe.

Ich war begeistert und fragte Katharina, ob sie meine, dass Almine und Wilma es von mir als ernst gemeinten Auftrag verstanden haben könnten oder, wie von Almine dargestellt, als freudebringendes und belustigendes Witz-Element.

„Man weiß es nicht ...", meinte sie schmunzelnd dazu.
„Die einen sagen so, die anderen so."

39.

Bin ich in meinem Element, bin ich in meinem Element! Da ist nicht viel mit Vermissen. Dann und wann eine kleine Sehnsucht, ein liebevoller Gedanke, ein verschmitztes Lächeln. An manch spätem Abend, eine kleine Plauderei mit dem griechischen Liebsten per Skype. Zu Anfang, gehäuft. Im Laufe der Wochen, nachlassend. In der höchsten Hochsaison, kaum mehr. Meldete Micháli sich in dieser Zeit, zweimal das Handy klingeln lassend für den von mir erwünschten Rückruf, verwies ich, bis auf ein paar ausnehmende Ausnahmen, auf die kostenfreie Möglichkeit des Skypens, was er mit den Worten:

„Ich mag im Sommer nicht skypen!" - im Originalton:
„I don't like to skype at summertime!", kurzerhand abkanzelte.

Nun ..., er mochte zu Sommerzeiten nicht skypen, ich nicht für teuer Geld telefonieren, und so ward es eine Zeit lang still um die Liebenden dies- und jenseits der Alpen.

Mit Ende des Sommers nahmen wir unseren Kontakt wieder auf. Skype wurde erneut unser Freund. Unser Miteinander wurde regelmäßiger, beständiger, sehnsuchtsvoller. „Will you come to Crete in September again, Elisabetha? - Wirst du im September wieder nach Kreta kommen, Elisabeth?", hatte er mich bei einer unserer Skypeverabredungen im August gefragt, was ich mit „I think so, if everything is fine, I'll be there. - Ich denke schon, wenn nichts Unvorhergesehenes dazwischen kommt, werde ich da sein", positiv beantwortet hatte.

Ein andermal meinte er, dass er mich, so ich es wollen würde, im Winter wieder in Deutschland besuchen käme. „If you like, I'll visit you again in wintertime in Germany. Maybe with one of the last tourist flights on 2nd of Novembrios. - Vielleicht schon mit einem der letzten Touristenflüge am 2. November."

„Gerne doch!", dachte ich dazu und „Gerne doch - with pleasure!", sagte ich ihm dann auch und „Do it Micháli, do it, you are welcome! - Mach es Micháli, mach es, du bist mir willkommen!"

„Schon am 2. November ...", ging es mir durch den Kopf und „Nur zu!" und „Schön!" und „Wir werden uns die Zeit schon gut vermachen." Sollte unsere Liebe meinen nächsten Kreta-Aufenthalt überdauern, war mir eine erneute gemeinsame Winterzeit mit ihm in meinem ostfriesischen Zuhause gut vorstellbar. Ich dachte an unser dann beginnendes Weihnachtsgeschäft und den dazugehörenden Weihnachtstrubel, dachte an Eis und Schnee, an prasselnde Kaminfeuer, an Michális Kochkünste, an seinen Humor und sein unterhaltendes Wesen.

„Ja ...!", dachte ich und „Doch ...!" Es würde ein guter Winter werden - ein guter, spaßiger, unterhaltsamer Winter, mit freudigen Kundenkontakten und einem Batzen selbstgestrickter Socken in Größe siebenundvierzig!

Irgendwie hatten wir, auch wenn der regelmäßige Kontakt in den Sommermonaten zwischen uns eher mau gewesen war, unser Miteinander nicht wirklich in Frage gestellt. Dann und wann hatte mich ein kleiner Gruß per Handy erreicht oder ein Foto und ein paar der Worte mehr in meinem privaten Facebook-Fach. Irgendetwas Nettes kam immer. Er meldete sich, ich reagierte. Eingeforderte Liebesschwüre waren mir zeitlebens nie besonders wertvoll. Freiwillig gesandte - schon! An einem der Tage postete Micháli, unerwartet und unverhofft, einen Gruß, für alle Welt sichtbar, auf meine Facebookseite.

„KISS MABEMBI!"

„Jo ...", dachte ich, „KISS MABEMBI!", und was das wohl zu bedeuten habe bzw. heißen mochte. Ich schmunzelte, kalkulierte, dass es ob des Kusses positiv zu bewerten sei und nahm es als Grund zur Freude.

Ich sandte ihm im nicht öffentlichen Raum ein lachendes Gesicht und fragt dazu, was sein „KISS MABEMBI!" zu bedeuten habe.

„I think, it is something nice, but what means MABEMBI?"

„MABEMBI MEANS MABEMBI, WHAT ELSE?",

war seine schriftliche Antwort, die mir nicht wirklich weiterhalf und mich gegen mein angesagtes Nicht-telefonieren-Wollen zum Hörer greifen ließ.

„Micháli ...?"
„MABEMBI MEANS MABEMBI!"
„Yes, great, but ...!"
„MABEMBI MEANS MABEMBI!"

Es war wundervoll. Es war Nonsens. Es war bekloppt. Es war ungehalten und amüsant. Bis ich diesen Mann, der das Wort MABEMBI für absolut normal und gebrauchsfähig hielt, soweit hatte, dass ich es verstand, bedurfte es einiger Umwegfragen. Als erstes brauchte es sein Verstehen, dass ich es nicht verstand. Dann klärten wir, aus welcher Sprache es stamme. Aus dem Griechischen, dem Englischen, or from whatever language? - Aus welcher Sprache auch immer? Danach die Anzahl der Worte. Nach einigem Ringen kam:

„YOU'RE MY ELISABETH, MY GIRL, MY BABY!"

Damit einhergehend - mein „Aha!" und „Ach so!" und „Ja klar!" Und so wurde aus KISS MABEMBI - KISS MY BABY, verständlich für ihn und mich und die ganze Welt!

„HEY ELISABETH,
MICHÁLI IST UND BLEIBT EIN SCHÜRZENJÄGER!"

Während ich mit Micháli via Telefon die Bedeutung seines öffentlichen Posts herauszufinden suchte, hatte sich ein zweiter dazu gesellt. Ich las ihn des Nachts, dachte „interessant!" und schaute, wer da wohl das Bedürfnis gehabt haben mochte, mir zu Michális „KISS MABEMBI!" diesen öffentlichen Kommentar zu senden, wem diese, für die Welt doch eher unbedeutenden und mich anfangs rätseln lassenden elf Buchstaben wohl jene Worte hatten entlocken können.

Den Kommentar „HEY ELISABETH, MICHÁLI IST UND BLEIBT EIN SCHÜRZENJÄGER!" dem öffentlichen Bereich entnommen, in den privaten Chatraum eingefügt, erwiderte ich mit: „Jaaa, das ist er wohl, doch was sollte dieser Mann auch anderes sein? Er bleibt ob seiner Optik und Körperlänge schwerlich unbemerkt, gefällt oder auch nicht, und dann dauert es bei gegenseitigem Gefallen so lang es eben dauert."

40.

Sibylle - eine angenehm wirkende Frau um die fünfzig, mit dunklen, schulterlangen, lockigen Haaren, einem netten Lächeln und etlichen Kreta-Aufnahmen auf ihrer Facebookseite. Sie schien, wenn ich es recht zu deuten wusste, seit geraumer Zeit auf Kreta zu leben - in Kalives, des Griechischen mächtig, und einen guten Bezug nach München zu haben.

„MICHÁLI IST UND BLEIBT EIN SCHÜRZENJÄGER!"

Sie wird ihre Erfahrungen mit ihm haben, wird bei Glück, wie ich, von Beginn an gewusst haben, in welche Schublade sie ihr Miteinander hatte einordnen sollen.

Unser Schreiben begann in der Nacht zum 1. Juli 2013. Nach dem Hochladen meines E-Books, nach meinem fünften mehrwöchigen Liebesmiteinander mit Micháli, nach seinem öffentlichen Post auf meiner Facebookseite, vor Druck der Buchausgabe meiner ersten kretischen Reise-Erzählung.

Von da an schrieben Sibylle und ich uns fast täglich, dann und wann gar zwei, drei Mal innerhalb von 24 Stunden. Gerne zur guten Nacht, die bei uns zu unterschiedlichen Zeiten begann. Nach den Nachrichten um zwanzig Uhr fünfzehn, gegen elf vor dem nächtlichen Schlafengehen, irgendwann zwischen Mitternacht und Morgengrauen, wenn Sibylle von einer ihrer Tavernen-Spätschichten oder einer kretisch durchtanzten Nacht heimgekommen war.

Wir schlichen umeinander. Wir waren friedliebend und provokant, interessiert und verstehend, zugewandt, lauernd und Spitzen verteilend. Wir erzählten einander, fragten und antworteten. Erfuhren über uns, unsere Leben, unser Denken und Fühlen, unser tägliches Allerlei und über unsere jeweilige Verbindung zu Micháli. Mit unserem Gedankentausch waren Sibylle und ich uns für die Sommermonate 2013 eine wahre Bereicherung. Wir füllten die durch Michális Verhalten bei uns entstandenen Lücken. Gaben uns durch unsere gegenseitige Aufmerksamkeit, was uns an Beachtung durch ihn fehlte.

Frauen, die sich demselben Mann verbunden fühlen, schätzen einander im Allgemeinen eher weniger, und ich möchte nicht behaupten, dass es sich bei Sibylle und mir zu Beginn unseres Kontaktes anders verhalten hat. Vordergründig schon, zwischen und hinter den Zeilen jedoch weniger. Dort schwang mit, was bei solch einer Konstellation mitschwingen muss. Wir wollten, ohne es direkt anzusprechen, etwas über Micháli erfahren, über sein Verhalten, seine Muster, seinen Umgang mit uns Frauen. Über seine Verlässlichkeit, seine Berechenbarkeit, sein Alles. Mich interessierte, was mir bevorstehen könnte, Sibylle, ob unser Miteinander dem ihren ähnlich sei, ob es gleich ablaufe, besser oder schlechter. In unseren damaligen Rollen schien ich die aktuell gewollte Geliebte zu sein, sie die verschmähte Verlassene.

Zu Beginn unseres Schreibkontaktes gab sie sich als ehemalige Geliebte, als Frau, die über das Verlassen Michális, das Ende ihres Miteinanders, längst hinweg sei - ich mich als unabhängige, aus ihrer Mitte herauslebende Singlefrau, die das Liebesleben zwischen sich und dem ortsbekannten Schürzenjäger Chóra Sfakíons ohne allzu große Erwartungen realistisch einzuschätzen wusste.

In den ersten Tagen lag ich auf der Lauer, las, was geschrieben stand, und spürte, dass ihre Worte, ihr beschriebenes Mit-allem-durch-zu-Sein, nicht stimmen konnte. Sie tat gleichgültig, verachtend, ungerührt, sagte, dass eine Frau wie ich Besseres verdient hätte, dass er es nicht wert sei und dass ich Obacht geben sollte.

Griff sie an, machte sie schlecht - relativierte ich.

- Zu jedem Spiel gehören zwei.
- Weiß man um ein Spiel, kann man entscheiden.
- Bleibt man bei sich, ist die Verletzungsgefahr berechenbar.
- Erwachsenes und eigenverantwortliches Handeln, ratsam.
- Erwartungen zum eigenen Schutz im Zaume zu halten.

Zu Beginn schrieb sie: „Wir könnten einen Club von Mabembis gründen!" Tage später, nach einer weinseligen Nacht: „Du nahmst mir den Mann!!!" Ersteres erwiderte ich amüsiert mit: „Nur zu! Lass es uns tun!", mit der gemeinsamen Überzeugung, dass sich dort bestimmt eine beachtliche Zahl bemerkenswerter Frauen oder auch verstörter Schäfchen zusammenfinden würden. Zweiteres mit den Worten, dass ich zum einen von ihrer Existenz nichts gewusst habe und dass ich Micháli zum anderen, wie jeden anderen Menschen auch, zu den Freien zähle, denen man, weil jeder nur sich selbst gehöre, keinem anderen wegnehmen könne. Micháli böte sich an, verweile so lange es ihm gefiel, bis ihm eine andere vorbeischlendernde Blüte reizvoller erschiene.

Nachdem der hinter ihren Zeilen, ihren Spitzen von mir vermutete Vulkan ihrer verletzten Seele durch die weingeschwängerte Nacht ausgebrochen war, sie sich ohne schützende Maske gezeigt hatte, wandelte sich unser Miteinander. Wir hatten unsere Schutzzäune beiseite gestellt, fühlten uns gegenseitig akzeptiert und angenommen, trauten einander nun, waren vom beiderseitigen Wohlwollen überzeugt, beieinander angekommen.

41.

Sie berichtete von ihren Begegnungen, ihren Treffen, ihrem impulsiven Miteinander. Vom Gefühl, bei einem Mann angekommen zu sein, eine besondere Liebe gefunden zu haben. Vom Ja, vom großen Ganzen, vom i-Tüpfelchen auf ihr auf Kreta neu gewähltes Leben, von der Erfüllung eines sich fügenden, alles umfassenden Traumes. - Bis zu dem Morgen, nachdem der „Ritter des Glücks", der als so passend empfundene Mann, allen Kontakt ohne jedes erklärende Wort von jetzt auf gleich abgebrochen hatte. Jammertal, Schmerz, es nicht begreifen können. Der Sturz, tief. Das sich Aufrappeln, schwierig. Der Weg zurück zum Gutgefühl des Davor, noch nicht geschafft.

- Mist aber auch! Wie konnte ich nur?
- Dieser Frauenfischer!
- Ich sah doch, dass er mit anderen Frauen flirtete!
- War ich blind? Wollte ich es nicht sehen?
- Es fühlte sich doch alles so richtig an!

Sibylle schwankte zwischen Selbstvorwürfen und verachtenden Gedanken Richtung Micháli. Sie liebte und hasste gleichermaßen, sich und ihn und die ganze Geschichte.

Sich selbst zu verzeihen, eigene Irrungen als menschlich normal anzuerkennen, sie sich selbst zu gestatten, Fehlbarkeit einzukalkulieren und zu erlauben, sind hilfreiche Schlüssel zur Befreiung verletzter Seelen.

- Es ist mir passiert, und es durfte mir passieren.
- Es ist menschlich, allzu menschlich.
- Kein Grund zur Scham.
- Fern jeder Peinlichkeit.

Die Geschichte mit Micháli hatte zu ihrem ersten übermächtigen Liebeskummer geführt, zu diesem so stark empfundenen Verlust. Bis dato waren ihr Trennungen eher weniger schwer, war meist sie diejenige gewesen, die das Aus eines Miteinanders herbeigeführt hatte.

Wir diskutierten viel. Wir verglichen unsere Beziehungsleben, unsere Paarerfahrungen. Im Gegensatz zu Sibylle hatte ich meinen ersten großen Liebesschmerz mit neunzehn, meinen letzten mit fünfundvierzig. Zudem war ich vor dem Schürzenjäger gewarnt und sie völlig schutzlos in dieses Liebesmiteinander geraten.

„Elisabeth, wie kannst du mit alledem nur so gelassen sein?"
„Übung Sibylle, reine Übung - ich hatte meine Täler zuvor!"

Meine Erwartungshaltung an Micháli und mich lag im Bereich des Machbaren, des Lebbaren, der Realität. Alles, was sich darüber hinaus ergeben oder entwickeln wollte, wäre ein Obenauf, ein Präsent an die Liebe. Ich war gut bei mir, er gut oder auch nicht gut bei sich, wir zwei schienen ohne Gehhilfen durchs Leben zu kommen, einfach nur aus uns selbst heraus.

Bedeutungen von Vornamen

Der griechische Vorname Ελισάβετ -
Elisabeth, im Lukas-Evangelium der Mutter Johannes'
dem Täufer zugeordnet, stammt aus dem Hebräischen und
bedeutet „Gott ist Fülle".

Sibylle - Σίμπιλ -
altgriechischer Name aus der griechischen Mythologie.
Dort galt Sibylle als Prophetin, die anderen unaufgefordert
die Zukunft voraussagte. Sibylle - die Prophetin, die Seherin.

Lebte ich, Elisabeth, nun aus der Fülle des Himmels?
Hatte Sibylle mir unaufgefordert Kommendes prophezeit?

Wäre ich mit der Rolle der Verlassenen bis zu meiner Begegnung mit Micháli nie bedacht worden - hätte ich den Schmerz des Verlassen-worden-Seins, des Nicht-mehr-gewollt-Seins bisher nicht gekannt, nicht mehrfach durchleben müssen - hätte ich das Überwinden von Liebesschmerz nicht erfahren, geübt und erlernt, wären mein Herz und mein Seelenheil durch Micháli und mein unverbindliches Liebesmiteinander vielleicht in Gefahr gewesen.

Und wäre ich dazu durch die Mitteilung des Schürzenjägerinformanten zu Beginn meiner Liaison mit Micháli nicht von Anfang an gewarnt gewesen, sollte ich es durch Sibylles Geschichte und Aussagen spätestens jetzt sein. MICHÁLI IST UND BLEIBT EIN SCHÜRZENJÄGER, da wollte ich mich auch weiterhin nicht allzu sehr auf ihn einlassen, mich, was ihn anginge, nicht zu weit aus dem Fenster lehnen, meiner eigenen Mitte treu und nah bleiben, mich nicht leichtsinnig oder gar kopflos von mir selbst entfernen.

Sie half mir und erinnerte mich alle Zeit, mit dem abrupten Liebesaus durch Micháli zu rechnen, ich ihr, ihren Liebesschmerz neu zu betrachten, zu lindern, gar zu überwinden. Und wir zusammen traten den Beweis an, dass Frauen mit Liebesgefühlen für ein und denselben Mann durchaus Freundinnen sein beziehungsweise werden können.

42.

Die Zeit ging gut dahin. Der Laden lief. Der E-Book-Verkauf stieg an. Die Vorbereitungen für den Druck meines Warrum nicht! nahm Formen an. Mein Kontakt mit Micháli war beständig, der zu Sibylle ebenso. Die Vorfreude auf meine nächste Kreta-Reise wuchs. Geplant für Ende September, angetreten am achten.

Meine Tochter hatte angefragt, wann es für mich wieder nach Kreta ginge, erzählte, dass es sie auch dorthin zöge, dass sie ab dem 7. September zwei Wochen Urlaub habe und dass sie am achten gerne mit mir gemeinsam dorthin fliegen würde. Sie säße gerade an ihrem Laptop und könnte, so ich wollte, stante pede zwei Flüge für den 8. September buchen. Kurze Rücksprache mit meiner Ladencrew, den Druckauftrag durchdacht und „Ja!" gesagt.

In einer Woche!
Bin ich verrückt?
Ja, aber nicht allzu sehr!

Am Montag, die Druck-Datei versandt. Am Dienstag die Mitteilung erhalten, dass dem Werk zehn Seiten fehlten. „Zehn Seiten fehlen?" Ich verstand nicht recht. Für mich war mein Buch komplett.

„Ah ja! Interessant! Das war mir bisher nicht bekannt!"

Die Seitenzahl eines Druckwerkes müsse durch sechzehn teilbar sein. Täte sie es nicht, entstünden innerhalb eines Buches Leerseiten, die von Hand herausgenommen werden müssten, und das könnte kostspielig werden.

Ich überlegte. Wir überlegten. Ich fragte nach: „Sind Schwarz-Weiß-Fotoseiten dem Preis von Wortseiten gleich, zum selben Preis zu haben?" - „Das sind sie!" - „Wunderbar, dann machen wir es so!" Ich solle die zusammengestellten Fotoseiten per Mail nachreichen.

Am Dienstagabend durchforstete ich den Foto-Ordner meiner Herbstreise 2011, wählte zum Text passende Aufnahmen, kombinierte sie nach meinem Dafürhalten, ließ die Nacht zum Tag werden und sandte unter Angabe der dafür vorgesehenen Seitenzahlen zehn gestaltete Fotoseiten in aller Früh an meine Druckerei Clausen & Bosse in Leck.

Nach der Bestätigung, dass es mit den Fotoseiten so passe, begann ich mit dem Zusammenstellen meiner Reisesachen. Ihr wisst: „Sind wir geübt, sind wir gut - sind wir schnell!"

Am Donnerstag verwandelte sich mein Küchentisch, wie vor den Reisen davor, zum Vorpackplatz, zum Parkplatz meiner Reiseutensilien. In Reih und Glied, alles sortenrein und im rechten Winkel. Es ist gut, wenn alles auf den ersten Blick erkennbar ist. Vergleichen. Scannen. Erkennen. Kopfkino. Was war auf der letzten Reise mein Liebstes? Was war zu viel? Was hatte gefehlt? - Und schon lag alles Notwendige beisammen.

Der Freitag gehörte dem Laden. Der Samstag ebenso. Ohne dass alles an seinem Platz ist, fällt mir das Abreisen, das Loslassen schwer. Am Samstag, nach Ladenschluss, gebadet und Haare gewaschen. Anschließend mit noch nassem Haar den Rucksack befüllt, mich schön gemacht, den Föhn benutzt und mich vom Schwesterherz des Nachts von Wiesmoor über Oldenburg nach Bremen fahren lassen. Welche Freude! Welch ein Glück! Das Tochterkind tat in Hamburg Gleiches, mit ihrem Reisegepäck, ihrem Haar, ihrem Antlitz und ihrer Freundin Antje.

„Olga, wollen wir die erste Nacht in Chaniá bleiben?"

„Ja Mama! Gute Idee! Dann können wir genau dort weitermachen, wo wir das letzte Mal aufgehört haben."

Wir nahmen uns ein Zimmer in meiner Lieblingsherberge, gönnten uns einen Angekommenseinschlaf, streiften danach durch die Stadt, aßen am alten Hafen zu Abend, verweilten noch kurz, den Geräuschen der Stadt lauschend, auf unserem Balkon oberhalb der Ledergasse und fielen dann zu nicht allzu später Stunde erneut schlafbereit in unsere Betten.

43.

Je mehr wir uns von unserem Zwischenstopp Chaniá entfernten und je näher wir unserm Lieblingsort Chóra Sfakíon kamen, umso mehr spürten wir unsere Freude. Wir genossen unser Mutter-Tochter-Miteinander, freuten uns über Bekanntes auf dem Weg zwischen Vríses und Chóra Sfakíon, auf den Blick vom Busbahnhof hinunter auf die Uferpromenade und aufs alte Hafenbecken, auf unseren ersten Yaurti me Meli und auf die Jungs vom Delfíni und vom Obrosgialos. Brahím und Cátalin, Manoúsos und Claudiu, jeder für sich ausgesprochen geeignet für ein Touristen-Empfangskomitee in Chóra Sfakíon.

„Elisabeth, you're back, how wonderful, earlier than usual and with your Olga!"

„Elisabeth, du bist zurück, wie wunderbar, früher als gewöhnlich und mit deiner Olga!"

Welch Grinsen auf ihren Gesichtern, welche Freude, ein Mehr davon durch das Erscheinen Olgas, denk ich mal. Einer Mutter macht das nichts, liebt sie ihr Kind, liebt sie auch die Freude anderer über ihr Dasein.

„You have such a wonderful daughter!",
schwärmte Manoúsos.
„Thank you, yes, I probably have!", ich leicht stolz zurück.
„But we love you too!", ergänzte Claudiu leicht verlegen.
„I know, and we love you two too!",
ich schmunzelnd dazu.

„Du hast eine so wundervolle Tochter!",
schwärmte Manoúsos.
„Danke, ja, das habe ich wohl!", ich leicht stolz zurück.
„Aber wir lieben dich auch!", ergänzte Claudiu leicht verlegen.
„Ich weiß, und wir lieben euch zwei auch!",
ich schmunzelnd dazu.

Umarmungen, Lachen und die Frage gestellt bekommen, ob wir denn nun beide mein obligatorisches Spätfrühstück aus Joghurt, Honig, Früchten und Nescafé wollen würden. Wir wollten es, rauchten während der Zubereitungszeit mit Claudiu eine Willkommens-Zigarette und genossen dabei Himmel, Sonne, unseren Platz und das Meer.

Aus für mich selbst nicht nachvollziehbaren Gründen hatte ich es verpasst, Micháli über mein Kommen zu informieren. „Wie leichtsinnig!", schoss es mir durch den Kopf und „Wie blauäugig!". Würden wir im Xenia übernachten - hätten wir dort ein Zimmer vorbestellt - hätte er es durch Georgos erfahren. Da wir jedoch vorhatten, auf der „Piccolo Mondo" zu wohnen, zu nächtigen, war der eine wie der andere Informationsweg ausgeblieben. Somit rechnete Micháli zu diesem Zeitpunkt weiterhin nicht vor Ende September mit mir.

„Sag mal lieber Bescheid!", ermahnte Olga mich.
„Sonst ..." - „Ja, sonst könnt's unangenehm werden."

Überraschungsbesuche können nett sein, freudvoll, beglückend - können aber auch sehr ins Auge gehen, besonders wenn sie einem stadtbekannten Frauenfischer gelten, und so fragte ich meinen Teilzeitliebhaber per SMS, wie es am heutigen Abend mit einem gemeinsamen Abendessen im Xenia wäre.

„MICHÁLI, WHAT ABOUT XENIA-DINNER TONIGHT?"
„YOU ARE HERE? GREAT! I WILL BE THERE!"

Seine Antwort:
„Du bist hier? Großartig! Ich werde dort sein!"

„Na Mama, Glück gehabt?"
„Ja, Glück gehabt. Er freut sich."

Wir machten uns zum neuen Hafen auf, holten uns bei Damúlis den Schlüssel fürs Boot, richteten uns ein und schlenderten gegen neun hinüber zum Xenia. Ohne es zu wollen, war ich geradezu nervös. „Mama!" - „Jaaa!" - „Wird schon gut sein!" - „Ich weiß, trotzdem!"

Da war kein Fremdeln, kein Infragestellen, kein Sichgewöhnenmüssen. Da war einfach nur Freude, Normalität und Glück. „My wife, my second daugther - my family! - Meine Frau, meine zweite Tochter - meine Familie!", eine Aussage, die Micháli fortan immer wieder gerne zum Besten gab.

Ich fragte Micháli nach dem Verbleib meines roten Laptops:

„Micháli, where do you have my red laptop?
I need it for the next few days."
„It is here!", grinste er,
„I can give it to you now!"

„Micháli, wo hast du mein rotes Laptop?
Ich brauche es für die nächsten Tage!"
„Es ist hier!", grinste er,
„Ich kann es dir jetzt geben!"

Er sprang auf, ging zum Getränkekühlschrank am Eingang zum Innenbereich des Xenia, schwang seinen langen Arm in die Höhe, griff ohne zu schauen hinauf und kam mit dem in seiner schützenden Hülle weilenden, uns für die Sommermonate zur Bildkommunikation dienen sollenden kleinen roten Laptop lachend zu uns an den Tisch zurück. Ich dachte dabei an „I don't like to skype at summertime!", seinen schroff herausgesagten Satz von vor gut drei Monaten, dachte weiter „Banause, Alter!" und „Süß bist du!" und dass ich schon wisse, warum ich ihn so mochte.

„A good place", lachte ich, „very special!"
„Yes, very special and very safe, nobody knows!"

„Ein guter Platz", lachte ich, „sehr speziell!"
„Ja, sehr speziell und sehr sicher, keiner weiß davon!"

Er hatte meinen Blick gut gedeutet, ihn aufgenommen und gleich doppelt entkräftet. „Very safe - sehr sicher!" und „Nobody knows - keiner weiß davon!" „Süß!", dachte ich nochmal und „Ja, so isser" und dass ihm das Leben recht gebe!

Gegen Mitternacht war es Zeit fürs Bett. Wir wünschten uns kaliníchta, ónira glyká und kalo hýbno - gute Nacht, süße Träume und einen guten Schlaf.

Heute schliefen Olga und ich auf dem Boot.
Für die nächsten Tage wollten wir uns etwas anderes überlegen.

44.

Während unseres mittäglichen Frühstücks bei Déspina passierte eine junge, hochgewachsene Frau mit kurzem, schwarzem Schopf, einem um die Hüfte gebundenen blattgrünen Anorak, schmal blau-weiß gestreiften Jeans, hellgelbem Shirt, guten Wanderschuhen und einem überschaubaren Rucksack unseren Sonnenplatz.

„Sympathisch!", bemerkte ich in Olgas Richtung.
„Ja!", erwiderte sie. „Ausgesprochen angenehm!"

Ich folgte ihrem Gang, sah sie Richtung Xenia abbiegen, dort die Terrasse betreten, mit Georgos sprechen, sich bedanken und den Rückweg antreten. Mit uns auf Augenhöhe, lächelten wir ihr, sie an unseren Tisch bittend entgegen.

„Wenn du magst?" - „Gerne!"

Helena kam, wie Olga, aus Hamburg. Hatte sich eine halbjährige Auszeit erarbeitet, war nun in der siebten Woche auf Reisen, hatte sich bei Georgos im Xenia nach den Zimmerpreisen erkundigt, sie aber für ihr täglich eingeplantes Reisegeld für zu hoch erachtet. Wir kamen ins Plaudern - die jungen Frauen kamen ins Plaudern - und bemerkten alsbald, dass sie demselben Hamburger Freundeskreis angehörten. Sie hatten, auch wenn sie sich bislang nie persönlich begegnet waren, ihre Namen dort mehrfach aufgeschnappt, mehrfach voneinander gehört.

„Dann bist du also die Helena von ...!" - „Ja!"
„Und du die Olga aus dem ...!" - „Genau, auch ja!"

„Wie klein die Welt doch ist!", freute ich mich, und schon waren wir beim Lösungsansatz zu unseren Übernachtungsgedanken. Helena brauchte ein Bett zu einem annehmbaren Preis, Olga und ich eine zweite Übernachtungsmöglichkeit, als Ausweichquartier für sie oder meinen griechischen Liebsten und mich.

„Und, ist das für euch beide so okay?",
fragte ich noch einmal nach.
„Klar Mama, es ist wunderbar okay,
wenn es das für dich auch ist?"

Wir verbrachten gemeinsame Zeiten und getrennte, abgesprochene und zufällig entstehende. Stand uns der Sinn nach diesem, folgten wir ihm, stand er uns nach etwas anderem, folgten wir dem. Bei denen, die gut mit sich im Reinen sind, kommt der Gedanke des Sich-ausgeschlossen-Fühlens, des Nicht-gewollt-sein-Könnens kaum zum Tragen.

Wie passgenau der Himmel, der Zufall oder wer oder was auch immer wieder alles gut zusammengebracht hatte. Ich hätte mein Kind ungern bei einem meiner nächtlichen Liebesausflüge allein auf dem Boot zurückgelassen, genau wie ich Micháli, das Kind in der Nachbarkoje wissend, ungern in meinem Kajütenbett empfangen hätte. Für mich ist Liebe ein Spiel für zwei, das weder anderen lästig noch von anderen beobachtet sein sollte.

Micháli beäugte Olgas Umzug ins Xenia fragend, erstaunt und nach dessen Aufklärung wohlwollend. „Pliróno to merídió sas sto enoíkio tou domatíou! - Olga, I pay your part of the room! - Olga, ich zahl deinen Teil des Zimmers!"

„Micháli, it's not necessary. - Micháli, das ist nicht erforderlich", war Olgas Antwort, und dennoch wollte Micháli sich beteiligen. „I'm your second father, I pay!" - „Oh, là, là!", dachte ich. „Klare Ansage, da wollten wir uns mal nicht zieren." Er sei ihr zweiter Vater und er zahle!

Ihr Miteinander war herrlich. Sie beide liebten ihr Vater-Tochter-Getue, und ich liebte es mit. Olga begleitete Micháli gefühlt auf jeder zweiten Taxibootfahrt als Bootsbegleiterin. „You can translate everything! - Du kannst alles übersetzen!", sprach er, und „Olga, you can sell the tickets! - Olga, du kannst die Fahrkarten verkaufen!", und später dann, sich vor Lachen kaum halten können: „And now you can take the wheel! - Und jetzt kannst du das Steuer übernehmen!"

Als wir am Abend nach Olgas und Helenas Zimmerbezug erneut an unserem Tisch auf der Terrasse des Xenia zum Abendmahl zusammentrafen, war es Micháli ein Leichtes, Helena „as his third daugther - als seine dritte Tochter" in sein Familiengefüge mit aufzunehmen. Mir sollte es recht sein, passten ihre Namen doch gleichermaßen in deutsche wie in griechische Gefilde und trug das eine Tochterkind der Mutter Haut- und Haarfarbe und das andere die des griechischen Vaters.

An diesem Abend ließ Micháli seine „Rosa", seine Porsche-Mechanáki, am Xenia zurück. Er nahm mich beseelt an die Hand, dann in den Arm und schlenderte so mit mir, gut verbandelt, über die Hinterstraße Chóra Sfakíons, über den Dorfplatz ans Eck und die zum neuen Hafenbecken hinabführende Straße unserem heutigen Nachtquatier auf der „Piccolo Mondo" entgegen.

45.

Als ich am nächsten Tag von meinem Schlafboot zu Déspina spazierte, sammelte ich das ein oder andere Stück Papier auf, als ich Stunden später den Weg zurückging, das ein oder andere Papierstück mehr. Ich besorgte mir ein paar Müllbeutel, hatte bei jedem meiner Gänge von hüben nach drüben einen dabei und trieb es mit dem Aufsammeln so lange, bis aller Unrat verschwunden war.

Micháli und seine Familienmänner hielten mich für verrückt. Sie meinten - nachdem ich ihnen gesagt hatte, dass, wenn sie es nicht machen würden, ich es eben täte - dass die Hafenbehörde dafür zuständig sei und nicht sie!

„They will come in two weeks!"
„Sie werden in zwei Wochen kommen!"

„Toll!", dachte ich dazu und „Egal!" und sagte, dass ich es dennoch tun würde, weil mir das Gehen auf vermüllten Wegen nicht sehr gefalle, ich Zeit hätte und es mir nichts ausmache. Das Resultat war mir zur Freude, die Nachwirkungen ebenso. Von da an bemerkte ich im Bereich der Taxibootzentrale keinen Unrat mehr - na bravo! Die Gegend um das neue Hafenbecken herum besorgte weiter ich.

„Wandertag?"
„Wandertag!"

An einem der Morgende machten Helena, Olga und ich uns in aller Früh zum Sweet-Water-Beach auf und, nach einer Strand- und Badepause dort, weiter nach Loutró.

In Loutró angekommen, ereilte mich ein Anruf Ludwigs. Er sei in seinem Haus in Livanianá und habe eben das Gefühl gehabt, dass ich in der Nähe sei. Wie recht sein Gefühl damit doch gehabt hatte.

Loutró - Livanianá - ein Katzensprung.

Es war gegen Mittag, Zeit genug, um noch jeden der mir hier bekannten Wege gehen zu können. Ich wollte seinem Wunsch, ihn in Livanianá besuchen zu kommen, gerne folgen. Olga wollte es ebenso und Helena nach unserem Tilmanschen-Tavernen-Schwärmen auch. Wir wählten den alten Eselspfad, erreichten nach anderthalb Stunden die asphaltierte Straße des verlassenen Ortes, passierten Ludwigs auf zwei Jahre angemietetes Haus und kehrten Helena zuliebe, als erstes in die Taverna Livanianá ein.

„Ludwig, wir sind nun vor Ort, magst du rüberkommen?"
„Auf ein Alster gerne, und danach gibt es bei mir zu essen!"

Die Tavernen-Terrasse war gut besucht, Tilman entsprechend beschäftigt. Ein freudiges, erkennendes Lächeln, eine kurze, feste Umarmung, das Auffinden zweier freier Stühle für die Mädels. Mein Gang führte mich wie selbstverständlich hinter den Terrassen-Tresen, den Abwasch beginnend.

Ich merke das kaum, ich mach das einfach.

Als Ludwig die Terrasse betrat, brachte ich ihm ungefragt ein Alster. Er gesellte sich in meine Nähe und erzählte, während ich den Abwasch fertigbrachte, von den Umständen seines Hierseins. Er habe sein Elternhaus verkauft, eine Eigentumswohnung mit Blick auf den Attersee erworben, seine Arbeit für ein Jahr unterbrochen, um nun seinen Traum vom Leben auf Kreta zu versuchen.

„Worauf soll ich sparen, worauf warten?"
„Genau, worauf sollst du warten, das Leben ist jetzt!"

Vom blaugrün gestrichenen Bierzelttisch klang plötzlich mein Name: „Elisabeth Katz?" Ich schaute. Ich stutzte. Ich erkannte Andrea, der ich im zweiten meiner Bücher gemeinsam mit ihrem Liebsten Paulo in Loutró das erste Mal begegnet war. Sie lächelte mir entgegen, wies auf meine oberhalb der Monkey-Box angebrachte Buchinformation und rief: „Wie ich sehe, hast du dein erstes Buch veröffentlicht. Glückwunsch! Wer hätte das gedacht?" - „Ja", entgegnete ich, „wer hätte das gedacht!" Wir kamen ins Plaudern. Andrea stellte mir ihre Mädels vor, ihren Chor, erzählte, dass sie zweimal im Jahr in Lykos einen Workshop mit abschließendem Konzert dort abhielten, dass Paulo jetzt im Herbst nicht mit dabei sei und dass sie nach ihrer Reise, nach nun vier Jahren Fernbeziehung, endlich gemeinsam an den Bodensee zögen.

Plötzlich sagte sie ohne jede Überleitung: „So, und jetzt bitte einen kleinen Werbeblock zu deinem Buch! Wie ist es dir gelungen? Worum geht es? Was erzählst du darin? Wir sind ganz Ohr!"

„Gerne!"

Ich überreichte jeder gegen das Vergessen eine meiner Buchpostkarten, erzählte vom Auslöser, vom Grund meiner damaligen Reise, vom ersten unbedachten Eintrag in mein Reisetagebuch, vom gefühlten Ende, von der Auflösung meiner Familie, von meiner Spontanheilung, von meiner Liebelei mit dem Griechen Micháli, von der fünftägigen Fahrt mit dem Österreicher Ludwig von Chóra Sfakion nach Ierapetra zu neuen und alten Lieblingsplätzen unser beider Insel und ein bisschen von diesem und jenem, ohne dabei allzu viel zu verraten.

Ludwig stand daneben, regte sich nicht, hörte aber, ohne es sich anmerken zu lassen, aufmerksam zu. Er wollte allzeit inkognito bleiben, wollte, auch wenn er mir das Erzählen unserer Geschichte gestattet hatte, im normalen Leben nicht als „mein Ludwig" erkennbar sein.

„Du süßer Schisser", hatte ich dann stets gesagt,
„unsere Geschichte ist sooo schön, aber wenn du es
nicht möchtest, sollst du ab sofort 'Ludwig' heißen!"

„Ludwig, ein schöner Name!"
„Jaaa, ein wahrlich schöner Name."

Seither heißt er in jedem meiner Gedanken Ludwig. Selbst wenn wir telefonieren, nenne ich ihn so. Ludwig hier und Ludwig da, außer im kretisch-öffentlichen Raum, da rufe ich ihn weiter bei seinem richtigen Namen.

Als wir uns zu seinem Haus zum Essen aufmachten, sagte er: „So erzählst du also unsere Geschichte?" - „Ja, genau so! Und, was denkst du, hat dich jemand erkannt?" - „Nee", sagte er, „ich denke nicht, und wenn, wär's auch egal." Ich hakelte mich bei ihm unter, schaute ihm freudig ins Gesicht und sagte: „Schön, wirklich schön!", was er mit: „Ja!" und „Alles gut!", positiv beantwortete.

Ludwig und ich gingen voraus. Olga und Helena folgten kurze Zeit später. Der griechische Salat war lecker, das dazu gereichte frisch aufgebackene Fladenbrot sättigend, der kühle Wein erfrischend.

Während Olga und Helena sich nach dem Essen auf je eine der beiden weiß getünchten, mit Flickenteppichen belegten Betonbänke der unteren Terrasse für eine kurze Nachmittagsruhe niedergelassen hatten, ließen Ludwig und ich es uns auf der oberen Terrasse mit Kaffee und Keks und leiser Plauderei im Halbschatten eines angrenzenden Maulbeerbaumes gutgehen.

Der Gedankentausch zwischen uns war wie immer tief. Der Erinnerungsanteil groß. Fragen und Antworten bezüglich unseres Wohl- und Wehergehens von Interesse. Zukunftsweisende Traumgedanken allemal dabei.

Als es an der Zeit war, den Fußmarsch zur Fähre nach Loutró anzutreten, waren wir bereit. Der darauf folgende Gang war tänzelnd locker, geschmeidig, summend und froh und dazu noch rechtzeitig.

46.

Am Samstag zog Helena weiter gen Westen, Richtung Agia Rouméli, Sougia und Paleochora. Am Sonntag erreichte mein Bruder mit seiner Marion Chóra Sfakíon. Am Abend desselben Tages zog ich zu Olga ins Xenia.

Was bin ich auch gerne mit diesem Kinde.

Micháli meinte dazu: „No problem, if we need a place for love, we will find one! - Kein Problem, wenn wir einen Platz für die Liebe brauchen, werden wir einen finden!"

Väterliches Augenzwinkern in Olgas Richtung
mit gleichzeitigem Tätscheln meines rechten Oberarmes.

„You will find one! - Ihr werdet einen finden!", grinste Olga.
„Sure, and if not, I'll ask my uncle, the little captain, and his Marion for asylum!"

„Sicher, und wenn nicht, werde ich meinen Onkel, den kleinen Kapitän, und seine Marion um Asyl bitten!"

„You are a good child! - Du bist ein gutes Kind!", lobte er sie. „Good and clever! - Gut und klug!"

Am Montag verweilten alle Familienmitglieder gemeinsam in Chóra Sfakíon. Am Dienstag fuhr Olga mit Onkel Kapitän und seiner Marion aufs Meer hinaus. Ich verbrachte den Tag, mit Ausnahme einer mit Micháli gemeinsam auf Olgas Zimmer verbrachten Pause, schreibend, plaudernd oder schweigend.

Mal allein. Mal in Gesellschaft. Teils bei Déspina. Teils an Michális Taxiboottisch. Immer mit Blick Richtung Meer, die „Piccolo Mondo" hinausfahren, sich entfernen und sich Stunden später wieder nähernd und hineinfahren sehen.

Als Olga mehr als eine Stunde nach der von mir beobachteten Rückkehr der „Piccolo Mondo" wieder am Xenia auftauchte, erzählte sie mir vom positiven Verhalten ihres Gleichgewichtssinns, dass ihr die Segelei gut gefallen habe, dass ihr kein bisschen mulmig gewesen sei und dass Hinni sie gefragt habe, ob sie von Freitag auf Samstag mit Marion und ihm nach Paleochora segeln wolle.

„Und, möchtest du?", fragte ich.
„Schon, wenn ich dich ohne Sorge hier zurücklassen kann?"
„Das kannst du, mein Kind, das kannst du, ohne Sorge!"

Nach einer kleinen Pause nahm sie meine Hand in die ihre, lächelte mir dabei freundlich ins Gesicht und sprach mit gespielt ernster Miene und tief verstellter Stimme:

„Hallo kleine Mädschen,
willst du eine Bier mit misch trinken?"
„Was?", prustete es aus mir heraus. „Was will ich mit dir?"
„Eine Bier, Mama - eine Bier mit misch trinken!"
„Gerne!", lachte ich und ergänzte: „Mädschen, erzähl!"

Auf dem Weg vom neuen Hafenbecken zurück zum Xenia habe sie ein junger Franzose, eigentlich seien es zwei gewesen, mit diesem Satz angesprochen. „Hallo kleine Mädschen, willst du eine Bier mit misch trinken?" Sie lachte und ergänzte: „Mama, hätte ich da noch nein sagen können?" - „Wohl kaum!", war meine verständnisvolle Antwort. „Wohl kaum. Und, war's nett, ist's nett gewesen?"

Sie erzählte, dass die jungen Männer Luc und Tigran hießen, wie schön es gewesen sei, mal wieder Französisch zu sprechen, ihr in der Schule erlerntes Französisch hervorzukramen, zu probieren, anzuwenden. Dass der eine aus Toulouse, der andere aus Paris käme, dass beide ausgesprochen amüsant seien, einen Tick länger als sie, der eine dunkel und etwas kräftiger, der andere blond und hager, und dass, obwohl sie beide in ihrem Alter seien, man sie eher als Jungen bezeichnen könne denn als Männer.

„Mama, anders kann man es wirklich nicht sagen!"

Sie hätten Olga erzählt, dass sie gerne ein wenig wandern würden, und sie gefragt, ob sie sich in der Gegend auskenne. „Ein bisschen", sei ihre Antwort gewesen, dass sie mit ihrer Mutter auf Reisen sei und dass die hier alles kenne! „Stimmt doch, oder?", sie mich von unten her ein wenig fragend anschauend. „Stimmt, alles! Zumindest fast", ich über den Brillenrand blickend und zwinkernd an sie zurück. „Ich habe angeboten, falls du es auch möchtest, dass wir sie morgen ein wenig herumführen könnten. Mama, sie würden sehr gerne!" „Können wir, Olga, können wir. Gib ihnen Bescheid. Treffpunkt morgen um zehn am alten Hafenbecken, am Anleger der Delffíni."

47.

Es war angenehm, diese drei jungen Leute im Schlepptau zu haben. Alle kurz über dreißig, gut gelaunt, kommunikativ, sich um mich bemühend. Unsere Gangart, unser Tempo, ähnlich, unsere Sprachmöglichkeiten, kompatibel. Nicht, dass ich des Französischen mächtig gewesen wäre, diesen Sprachaustausch konnte ich, ohne mich ausgeschlossen zu fühlen, gerne ihnen überlassen. Wollte oder sollte ich explizit beteiligt sein, halfen uns unsere Englischkenntnisse, Olgas Übersetzungsqualitäten und beider Franzosen in ihrer Jugend erlerntes Schuldeutsch. Plauderten sie auf Französisch oder mit mir nicht verständlichen Ausdrücken, genoss ich den Klang ihres melodischen Sprechens.

Genau genommen unterhielt sich das Jungvolk in einem wilden Sprachenmix aus Englisch, Französisch, Italienisch, Deutsch und Spanisch, den Luc spontan auf den Namen Esperanto-Due taufte, eine von ihnen an diesem Tag unorthodox zusammengefügte Mischsprache, frei nach dem Esperanto des Warschauer Augenarztes Ludwik Lazarus Zamenhof.

Am 24. November 1887 hatte dieser unter dem Pseudonym Doktoro Esperanto in Deutschland und Frankreich ein gerade einmal 40 Seiten umfassendes Buch mit dem Titel „Internationale Sprache" herausgebracht. Esperanto, eine auf 16 Grundregeln aufgebaute, neu erfundene Sprache zur besseren Verständigung unterschiedlicher Muttersprachler.

Hier und heute steuerten meine drei Unterhaltungskünstler Worte aus dem Englischen bei, Olga dazu Worte aus dem Deutschen, Italienischen und Französischen, Tigran aus dem Französischen und Deutschen und Luc dazu noch dazu

Begriffe aus dem Spanischen. Das klappte gut bis wunderbar, brachte uns viel Spaß und ergab für die drei eine ausreichend gute Verständigung.

Ich weiß noch, wie gerne ich Olga nach ihrem sechs Monate andauernden Italienaufenthalt, zwischen Abitur und Studium, ohne selbst des Italienischen mächtig zu sein, beim Telefonieren mit ihren italienischen Freunden belauscht und beobachtet hatte. Das Gestikulieren, die Sprachmelodie und das Heben und Senken der Stimme waren, ohne vom Inhalt etwas mitzubekommen, wunderbar unterhaltend für mich.

Unser Ausflug startete um viertel nach zehn mit der Delffíni am alten Hafenbecken von Chóra Sfakíon. Sie brachte uns mit kleinem Zwischenstopp am Sweet-Water-Beach nach Loutró. Coco-Papagei gab dort im Café am Anleger sein Bestes - vom internationalen „Hallo" über das Miauen einer Katze bis hin zu einem anerkennenden Schnalzen.

Gegen elf fuhren wir mit der Poseidon, dem Schwesterschiff der Delffíni, weiter zur Mármara-Bucht mit dem Eingang zur

Aradena-Gorge. Vor unserem Gang durch die Schlucht hinauf nach Livanianá gönnten wir uns oberhalb des klaren Wassers von Mármara ein spätes Frühstück.

„Let's go!" - „On y va!" - „As pamé!" - „Auf geht's!"

Der Weg durch die Schlucht,
schön wie immer - immer wieder schön.

Ich gehe ihn gerne, ob alleine, in Begleitung von Menschen, die den Zauber mehrfach kennen, oder wie an diesem Tage gemeinsam mit Olga, Luc und Tigran, die ihn das erste Mal erlebten. „Elisabeth, impressionnant, große Kino, großes Eindruck!", schwärmte Tigran und legte mir dabei seinen rechten Arm um die Schulter, mit dem linken einen Halbkreis ziehend, gen Himmel zeigend.

Wir waren dem ebenen, von hohen Felswänden umgebenen Weg gefolgt, hatten mit Bravour die Höhenunterschiede gemeistert, staunend zum Himmel geschaut, uns an der Quelle auf halbem Wege erfrischt, unter der alten Olive vorm Aufstieg nach Livanianá im Schatten gerastet, den höchsten Punkt und die kleine weiße Kirche am oberen Eingang von Livanianá erreicht und waren nun, nach dem hinabführenden Gang durch den verlassenen Ort, in der gleichnamigen Taverne bei Tilman eingekehrt.

Wir fanden einen Tisch an der die Terrasse begrenzenden flachen Mauer, streckten unsere Beine darauf aus, genossen den Blick übers weite Tal hinunter aufs Meer und bestellten bei Tilman vier frisch geschleuderte Orangensäfte.

Abwasch lässt sich beliebig wiederholen.

48.

Hatte ich je Tilmans Terrassenschaukel erwähnt? Einen Stuhl aus blaugrau gefärbtem Eisenrohrgestell mit abgesägten Beinen und Kunstleder bezogener Sitzfläche, als Wunderschaukel für Glücksgefühle aller Couleur, angebracht mit zwei doppelten Lastgurten am Gestänge der Terrassenüberdachung?

Nachdem die Orangensäfte genossen, der Blick übers Tal aufs Meer ebenso, begab ich mich für die beste aller Terrassenordnungen und für den allgegenwärtigen Abwasch hinter den Thekentresen. „Das brauchst du nicht!", sprach Tilman dazu, was ich mit: „Doch, genau das brauche ich jetzt!", überzeugend zurückgab. Ein Augenzwinkern, ein wohlwollender Blick, eine stille Übereinkunft. Tilman und ich, Waagen mit fast dem gleichen Geburtsdatum, wissen einander zu nehmen.

Die jungen Leute weilten derweil für einen weiteren Moment am kleinen Mauertischchen, bis Olgas Blick, von Tilman bemerkt, auf den Tavernen-Schaukelstuhl fiel. „Möchtest du?", fragte Tilman, was Olga mit: „Darf ich denn?" und fragendem bejahenden Blick beantwortete. Danach folgten „Gerne!" und „Komm!" und schon saß das Kind auf der Schaukel.

Ohne Hilfe geht das kaum. Es braucht einen Tritt oder einen zweiten Stuhl zum Hinaufsteigen. Jemand, der die Schaukel hält, jemand, der schaukeln möchte und jemand, der den Schwung gibt. Eigentlich reichen, wenn man nicht gerade Tilman heißt oder mit dem alleinigen Schaukelbetrieb vertraut ist, zwei. Heute waren wir zu fünft. Tilman, der die Anweisungen gab. Tigran und Luc, die für den sicheren Aufstieg und das Schwunggeben zuständig waren. Olga, die Schaukelnwollende und ich als Beobachterin.

TAVERNA
LIVANIANA

TAVERNA
LIVANIANA

Welch eine Freude!
Welch ein Spektakel!
Welch ein Simsalabim!

Olga strahlte vor Glück. Luc gab Schwung. Tigran an der Mauer stehend, Acht darauf, dass das Kind, im Falle des unwahrscheinlichen Herausfallenkönnens, aufgefangen würde. Ich schaute beobachtend, mit kleiner mütterlicher Sorge, dem Kind gleichzeitig die Freude gönnend, vom Tresen aus zu. Tilman kam, nach kurzem Eintauchen in die Küche, Cat Stevens' „If you want to sing out, sing out" aufgelegt, mit entzündeten Wunderkerzen wieder an Bord, dem Ganzen einen zusätzlichen Zauber zu geben.

„Mama, Mama, Mama, Tilman, Luc und Tigran,
es ist das pure Glück, als würde man ins Meer fliegen,
immer wieder neu, bei jedem Schwung nach vorn!"

Während des gesamten Rückwegs versuchten wir, Olga, Luc, Tigran und ich, den Text des schaukelbegleitenden Liedes zusammenzubringen. Wir summten die Melodie, sangen „If you want to sing out, sing out", begannen die nächste Strophe mit „If you want to live high, live high" und die übernächste mit „If you want to say yes, say yes", sangen den Anfang des Refrains und waren vom dort enthaltenen Wort „opportunity's" begeistert. „Was heißt das eigentlich?", fragte ich, was Tigran mit „Möglischkeiten!" beantworten konnte.

Beim Fährwarten nahmen wir Google zu Hilfe. Wir fanden den Text, schrieben ihn auf vier Papierservietten und sangen „Unser Lied" nun textsicher, erst ab, dann auswendig.

Sichtlich zufrieden bestiegen wir die Fähre nach Chóra Sfakíon.

Γεράνι

<u>If you want to sing out, sing out - Cat Stevens</u>

Well, if you want to sing out, sing out.
And if you want to be free, be free.
'Cause there's a million things to be.
You know that there are.

Nun, wenn du singen willst, dann sing.
Und wenn du frei sein willst, sei frei.
Denn es gibt Millionen Dinge die du sein kannst.
Du weißt, dass es sie gibt.

And if you want to live high, live high.
And if you want to live low, live low.
'Cause there's a million ways to go.
You know that there are.

Und wenn du turbulent leben willst, dann leb turbulent.
Und wenn du ruhig leben willst, dann leb ruhig.
Denn es gibt Millionen Wege, die du gehen kannst.
Du weißt, dass es sie gibt.

Well, if you want to say yes, say yes.
And if you want to say no, say no.
'Cause there's a million ways to go.
You know that there are.

Nun, wenn du ja sagen willst, sag ja.
Und wenn du nein sagen willst, sag nein.
Denn es gibt Millionen Wege, die du gehen kannst.
Du weißt, dass es sie gibt.

And if you want to be me, be me.
And if you want to be you, be you.
'Cause there's a million things to do.
You know that there are.

Und wenn du ich sein willst, sei ich.
Und wenn du du sein willst, sei du.
Denn es gibt Millionen Dinge, die du tun kannst.
Du weißt, dass es sie gibt.

You can do what you want.
The opportunity's on.
And if you find a new way.
You can do it today.
You can make it all true.
And you can make it undo.
You see, ah ha ha.
It's easy, ah ha ha.
You only need to know.

Du kannst tun, was du willst.
Die Möglichkeiten sind da.
Und wenn du eine neue findest.
Kannst du sie heute noch nutzen.
Du kannst es alles wahr machen.
Und du kannst es rückgängig machen.
Du siehst, ah ha ha.
Es ist einfach, ah ha ha.
Du musst es nur wissen.

49.

An diesem Abend aßen wir auf der Terrasse des Xenia zu siebt. Micháli, Hinni, Marion, Olga, Luc, Tigran und ich. An einem der Tische am Wasser, ein kleines Mädchen mit seinen Großeltern, von denen mir der Mann, ohne jede Erinnerung, ungemein bekannt vorkam.

„Micháli, do you know this people?"
„The little girl and her grandparents?"
„Yes! I think I know the man."
„That's Kurt and Ellen with little Mona."

Er erzählte, dass Kurt regelmäßig nach Chóra Sfakíon komme, mal mit Bruder und Sohn, mal mit der ganzen Familie und mal, so wie jetzt, mit seiner Frau und der Enkelin Mona.

„You met him in the taverna above the new harbor,
in autumn 2011, before we went to the beach,
and ... you know!" Ein Lachen. „You remember?"

„Du trafst ihn in der Taverne oberhalb des neuen Hafens,
im Herbst 2011, bevor wir an den Strand gefahren sind,
und ... du weißt schon!" Ein Lachen. „Erinnerst du dich?"

„I remember the beach and the man."
„Ich erinnere den Strand und den Mann."

Kurt - genau! Er hatte mich zu sich, seinem Sohn, seinem Bruder und dem Wirt Andreas an den Tisch gebeten, um mich, wenn auch mit etwas Unbehagen, vor dem Schürzenjäger von Chóra Sfakíon zu warnen. Und an unser nächtliches Liebesspiel am Strand mit der abenteuerlichen Hin- und der von mir als so romantisch empfundenen Rückfahrt mit Michális Bruders Mechanáki speziale.

Ja ..., ich erinnerte mich an beides gut!

Als Ellen ihre Enkelin zu Bett brachte, bat Micháli Kurt, nicht wissend, dass er mich vor ihm als Frauenfischer gewarnt hatte, auf einen Raki an unseren Tisch. Kurt hatte mich erkannt und mit leichtem Erstaunen festgestellt, dass Micháli und ich einander weiterhin zugetan waren, wohl immer noch etwas miteinander zu haben schienen.

„Und", fragte Kurt mich, „ist das mit euch was Ernstes?"
„Man weiß es nicht", lächelte ich ihm schulterzuckend zu,
„ ... auf jeden Fall ist es etwas Schönes!"

Kurt wollte sich fast für seinen damaligen Hinweis auf den Schürzenjäger entschuldigen. Ich unterbrach ihn, sprach „Nee, nee" und „lass mal", mit dem Zusatz, dass mir sein Hinweis von damals nach wie vor Gold wert sei und dass mir mein und Michális Miteinander wohl gerade durch mein Wissen um seinen Schürzenjägerruf so wunderbar entspannt händelbar sei.

„Keine falsche Erwartung - kein Stress - das entspannt alles."

Seinen Hinweis auf den Gigolo behielten wir weiter für uns.

50.

Am nächsten Morgen bewegte sich das deutsch-französische Wanderquartett über die Hintertreppe Chóra Sfakíons, der Landstraße folgend, in den Fels steigend, hundert Meter oberhalb des Meeresspiegels über den alten Eselspfad zum Sweet-Water-Beach. Strandtag - Relaxtag - Nichtstutag. Auf einer Liege, unterhalb einer der inzwischen hochgewachsenen Tamarisken, verbrachte ich, im Wechsel zwischen Lesen, Dösen und amüsiertem Beobachten meines Jungvolkes, die folgenden Stunden im Halbschatten. Ihr Schwimmen, ihr gestikulierendes Plaudern, ihr Strandsitzen vertrieben mir die Zeit gut.

Ludwig kam des Weges, ebenso wie Inge und Manfred, denen ich bei meinem ersten Aufenthalt, im ersten Band meiner Kreta-Erzählungen, in der Taverna Livanianá zum ersten Mal begegnet war. Es ist allerweil freudvoll, wohlgesinnten Menschen wiederzubegegnen. Ich fragte Inge nach dem Fortkommen ihres Märchenschreibens, sie mich, ob es mit meinem Kretabuchschreiben Formen angenommen habe. „Tataaa!", posaunte es aus mir heraus, mit gleichzeitigem Zücken einer meiner Buchpostkarten, die ich ihr geradezu feierlich überreichte. Meiner wohl sichtbaren kindlichen Freude ließ sie ein griechisches „Bravo Elisabetha" mit drei Ausrufezeichen und mehrfachem Schulterklopfen lobend in meine Richtung tönen.

„Elisabeth, ist das nicht toll?" - „Ja, Inge, das ist so toll!"

Inge hatte weitere Märchen ersonnen, Manfred die Tavernen-Website Livanianás aufgestockt, Ludwig sich seine Sehnsucht nach längeren Verweilzeiten auf Kreta erfüllt und ich mich getraut, mein erstes Buch in guter Auflagenhöhe drucken zu lassen.

Sage mir da noch einer, das Alter sei ohne Pep und Power, ohne Lust und Wunscherfüllung. Bei uns vieren, mit einem Durchschnittsalter von um die sechzig, war von alledem genügend vorhanden. Wir liebten und lebten unsere Träume, wir folgten unserem Wollen, wir gaben unser Bestes.

Ist es nicht immer so:

- lassen wir das Zögern und Zaudern,
- folgen wir unseren Vorstellungen von Glück,
  dem, von dem wir denken, dass es unserer Lust,
  unserem Bedürfnis und unserem Können entspricht,
- befreien wir uns aus der Norm, aus dem,
  was im Allgemeinen erwartet wird,
- winden wir uns aus der Möglichkeitsform,
- tauschen wir hätte, würde, könnte und wäre gegen machen,
- kappen wir einige unserer Sicherheitsleinen,
- verlassen wir die vermeintliche Komfortzone,

lebt es sich wahrlich beglückend, bunt und munter.

Als wir vom Sweet-Water-Beach zurück waren, packte Olga ihre Sachen fürs Boot. Um am Freitag nach Lust und Laune lossegeln zu können, hatte mein Bruder dem Kind empfohlen, schon am Donnerstagabend auf die „Piccolo Mondo" umzusiedeln.

An diesem Abend wandelten Hinni, Marion und Olga eingehakelt zum neuen Hafen. Luc und Tigran, mit dem Versprechen an Olga, am Freitag um elf die Fähre über Ágia Rouméli nach Paleochora zu nehmen, um dort des Abends in der von mir empfohlenen Musikbar einen Wein zu trinken, auf ihr Zimmer im Lefka Óri. Und Micháli und ich für unsere vorerst drittletzte Nacht auf mein Lieblingszimmer, dem geschichtsträchtigen Raum Nummer 104, auf der ersten Etage des Xenia mit dem angrenzenden Flachdach.

An den nächsten beiden Tagen gab es nur Micháli und mich. Wir verweilten am Taxiboottisch, fuhren mit dem Taxiboot hinaus, brachten Gäste von hier nach dort, poussierten miteinander, lenkten bei Leerfahrten das Boot gemeinsam, genossen uns und unsere Zweisamkeit und freuten uns auf den kommenden Winter, den wir ab dem 2. November 2013 in meiner ostfriesischen Heimat miteinander verbringen wollten. Die Wintermonate 2013/2014 sollten unsere sein!

„Verrückt!", sagte ich lächelnd, was Micháli,
mich in den Arm nehmend, sichtlich zufrieden, mit:
„Né treló! - Really crazy! - Wirklich verrückt!", erwiderte.

51.

Am Sonntag ging es für Olga und mich zurück nach Deutschland. Der Flug von Chaniá nach Bremen startete so, dass wir es mit dem Elf-Uhr-Bus ab Chóra Sfakíon entspannt schaffen sollten.

- Ein letztes gemeinsames Frühstück mit Hinni und Marion an Bord der „Piccolo Mondo" genossen.
- Eine Mail, dass wir uns nun auf den Heimweg machen würden, mittels meines roten Laptops, nach Hause gesandt.
- Das gute Stück, das kleine Rote, ob meiner und Olgas bereits ausgeschöpften Handgepäck-Höchstmarke, mit der Bitte an Bruder und Schwägerin, es bei ihrer in einer Woche stattfindenden Heimfahrt für Michàli mit nach Deutschland zu bringen, an Bord zurückgelassen.

Würde Michàli am 2. November anreisen, sollte es ihm bei mir zu Hause für sein Patiencenlegen, seine sonstigen Interessen, insbesondere seine Kreta- und anderweitigen Weltkontakte uneingeschränkt zur Verfügung stehen. Mit meinem Ladenlaptop allein wäre es da nicht getan. Michàli bräuchte eine von mir unabhängige, ihm jederzeit zur Verfügung stehende, außerfriesische Kommunikationsmöglichkeit, bei Tag wie bei Nacht, ganz für sich, ohne dass mein Geschäftslaptop davon behelligt würde.

Ein aus meiner Sicht kluger Gedanke, dessen Folgen ich mir in meinen kühnsten Träumen weder hatte vorstellen noch ausmalen können.

Bevor Olga und ich uns zum Bus aufmachten, nahmen wir einen letzten Kaffee mit der obligatorischen Abschiedszigarette mit Micháli an seinem Taxiboottisch. Wir verabschiedeten uns von Vanna und Georgos, schulterten unsere Rucksäcke, drückten noch einmal den Liebsten beziehungsweise „the second Father", sagten ihm: „Bis bald!" und dass wir uns für den 2. November auf ihn freuten.

Noch im Gehen erkundigte er sich hinter uns herrufend nach dem Verbleib des roten Laptops. „Where's my red laptop? - Wo ist mein rotes Laptop?" Ich drehte mich um, lachte ihm augenzwinkernd zu, gab meine Hände als Sprach-Trichter um meinen Mund und rief:

„It's on the boat of my brother.
He will bring it next week for winter for you to Germany,
and darling ..., it's mine!"

„Es ist auf dem Boot meines Bruders.
Er wird es nächste Woche für den Winter für dich mit nach Deutschland bringen, und mein Schatz ..., es ist meins!"

Nach einem letzten Winken, mit Lachen und Luftkuss, schlenderten wir über die Uferpromenade gen Busplatz.

„You leaving? - Ihr verlasst uns?"
„Yes, we have to leave! - Ja, wir müssen gehen!"

Déspina, Manoúsos, Claudiu, Brahím und Cátalin, alle brauchten ein paar der verabschiedenden Worte, eine Abschiedsumarmung, ein letztes Winken. Wir wären gerne noch geblieben, versicherten, dass wir im Frühjahr wiederkämen und steuerten, nachdem wir unsere Reiserucksäcke in einen der Gepäckräume verstaut hatten und in den Bus gestiegen waren, zielsicher auf die hintere Sitzbank zu.

Ohne Wenn und Aber lieben wir - Olga und ich - diesen kleinen, im Süd-Westen Kretas liegenden Ort, mit allem, was es hier gibt. Wir lieben seinen Charme, seine Menschen, die abfahrenden und ankommenden Fähren, die Uferpromenade, das alte und neue Hafenbecken, das Diving-Center mit Damúlis und seinen Leuten, die abwechslungsreichen Wanderwege, das Meer, das Meer und das Meer und den darüberliegenden weiten Himmel mit seinem luftigen Wolkenspiel und seinem am Tage meist durchgängigen Sonnenschein.

52.

Nach meiner Rückkehr und einer Woche durchgängiger Liebesschwüre mit „I MISS YOU MABEMBI" - „LOTS OF KISSES" - „KALINICHTA MY ELISABETHA AND GUT SLAFEN" und anderen Nettigkeiten - der Urknall schlechthin:

„FINITO LA MUSICA"

„Ups!", dachte ich. „Was ist denn das?"
„Finito la Musica! - Die Musik ist zu Ende!"

Diese Aussage bedurfte einer sofortigen Klärung.

Ich rief Micháli an: „What happened, my dear?"
Er war ungehalten: „You've taken my red laptop!"
Ich stutzte: „What, I've taken your red laptop?"
Ich musste lachen: „It's mine, Micháli, but what's the problem? My brother brings it home to me.

You want to come to Germany at Novermber 2nd,
and then we need the laptop here for you on side!"

Ich rief Micháli an: „Was ist passiert, mein Lieber?"

Er war ungehalten: „Du hast mein rotes Laptop genommen!"
Ich stutzte: „Was, ich habe dein rotes Laptop genommen?"
Ich musste lachen: „Es ist meins, Micháli, aber wo ist das Problem? Mein Bruder wird es mit zu mir nach Hause bringen. Du wirst am 2. November nach Deutschland kommen, und dann brauchen wir das Laptop hier für dich vor Ort!"

Oh, oh, oh - damit wurde es nicht besser. Er brauste weiter auf und konnte das, was ich sagte, überhaupt nicht witzig finden. War für meine Erklärung, meine Aussage, dass mein Bruder „the little red laptop" einzig für ihn mit nach Deutschland nähme, nicht aufnahmebereit. Der Vulkan, durch ein Missverständnis ausgebrochen, war gerade nicht aufzuhalten, nicht aufhaltbar, und Micháli damit einzig und ausschließlich dazu in der Lage, seinen spontan getroffenen Entschluss geradezu drohend wiederholend wiederzugeben:

„You've taken my red laptop! -
Du nahmst mein rotes Laptop!"
„Finito la musica! - Die Musik ist zu Ende!"
„No coming! - Ich werde nicht kommen!"

Und schon war das Gespräch zu Ende.
Schwups - aufgelegt - abgebrochen - gecancelt - vorbei.

Das sind Momente, da weißt du nicht, ob du lachen oder weinen sollst. Ob dir das Leben gerade einen Streich spielt. Ob der Anfall bleibt oder bald vorübergehen, wieder vorbei sein wird.

Ob der Ernst des Lebens oder der Witz schlechthin dir gerade einen Fuß in die Tür gestellt hat, oder ob sie, die Tür, nur kurz klemmt und sich alles alsbald wieder in Wohlgefallen auflösen wird.

Ich erinnere es genau:

Es war ein Sonntag.
Ich lag noch im Bett.
Es war gegen zehn am Vormittag.
Es war der 29. September 2013.

Neunundzwanzigste gehören eigentlich zu meinen Lieblingstagen. Der im August des Jahres 1980 ist der Tag meiner ersten Eheschließung mit meinem langjährigen Lieblingsmann. Der im Dezember, das Geburtsdatum einer meiner bis dato drei großen Lieben. Der 29. im Februar 2012, als Datum der Fertigstellung des Manuskriptes meines Warrum nicht!, meines ersten Buches, ebenfalls very important - sehr wichtig! Da wollte Michàli mir diese Zahl mit seiner unwillkommenen Nachricht über das eventuelle Ende unseres Miteinanders jetzt doch bitte nicht unnötig verderben.

Ich entschied mich fürs Abwarten und Tee trinken, rief meinen Bruder an, fragte, ob er Michàli heute schon gesprochen habe, erfuhr, dass er gerade am Boot gewesen sei, dass er ihnen eine gute Reise gewünscht und sich wie nebenher nach dem roten Laptop erkundigt habe. Er wolle es für die Zeit unserer Abwesenheit, wie schon im Sommer, auf dem Getränkekühlschrank des Xenia sicher deponieren. „Thanks Michàli, it's not necessary. - Danke Michàli, das ist nicht erforderlich", sei meines Bruders Antwort gewesen und dass ich ihn gebeten hätte, das kleine Rote für ihn, Micháli, für die Wintermonate mit nach Deutschland zu nehmen.

„Sollt ich doch, oder?", fragte Hinni dazu.
„Ja, solltest du und sollst du noch!"
„Und, war noch was Besonderes?"
„Nee, alles ganz normal. Er sagte 'Adío' und fuhr davon."
„Komisch ...", kam es leicht nachdenklich aus meinem Munde.
„Ich glaub, er hat gerade mit mir Schluss gemacht!"

„Ernsthaft?"
„Weiß man das so genau?"
„Kaum!"

Ich neige ja, wie mehrfach erwähnt, eher nicht zu übermäßig ausufernden Reaktionen, zu dramatischen Gefühlsausbrüchen. Ich lass erst mal wirken, gerade Geschehenes am Grund meines Empfindens, meines Denkvermögens ankommen, um es dann in Ruhe zu betrachten und abzuwägen.

- Er würde sich schon wieder beruhigen.
- Er könne nicht so dumm sein, unsere schöne Winterzeit aus diesem Missverständnis heraus ausfallen zu lassen.
- Ich kenne sein Temperament. Es schießt in die Höhe und fällt, nach kurzem Innehalten, schnell wieder auf Normal.
- Von null auf hundert - von hundert auf null.
- Nichts wird so heiß gegessen wie gekocht.

Ich würde es sehen.
Wir würden es sehen.
Die Zeit würde es zeigen.

53.

Dass mir diese abkanzelnde Aussage, besser noch, diese knallharte, fast wie in Stein gemeißelte Ansage trotz meiner geübten Gelassenheit keine Ruhe ließ, ist sicher nachvollziehbar. Ich überlegte, was ich machen könnte, ob es Sinn habe, Micháli für mich eindeutig auf ein Missverständnis beruhende Entscheidung aufzuklären. „Versuch macht klug!", dachte ich und dass es mir unser, mein und sein Miteinander allemal wert sei.

In der Hoffnung, dass Micháli sich im Laufe des Tages wieder beruhigt haben mochte, startete ich am Abend den Versuch einer Klärung.

„MY DEAR MICHÁLI,
WHAT'S THAT? I'M LOOKING FORWARD
TO A WINTER TOGETHER WITH YOU.
ASK MY BROTHER FOR TAKING THE LITTLE
RED LAPTOP TO GERMANY, ESPECIALLY FOR
YOU, AND YOU SAY: 'YOU TOOK MY RED
LAPTOP, FINITO LA MUSICA, NO COMMING!'
THINK IT OVER, PLEASE. I WOULD BE HAPPY
TO SEE YOU IN NOVEMBER IN MY HOMETOWN.
WITH LOVE AND GOOD THOUGHTS -
ELISABETH."

„Mein lieber Micháli,
was ist denn das? Ich freue mich auf einen gemeinsamen Winter mit dir. Bitte meinen Bruder, das kleine rote Laptop extra für dich mit nach Deutschland zu nehmen, und du sagst, dass ich dir dein rotes Laptop nahm, dass die Musik zu Ende ist und dass du nicht mehr nach Deutschland kommen möchtest. Magst du bitte nochmal darüber nachdenken. Ich würde mich sehr freuen, dich im November bei mir zu sehen. Mit Liebe und guten Gedanken an dich - Elisabeth."

Ich liebe es, freundlich zu sein,
wohlwollend, nach vorne blickend und bedacht.

Ich sandte Micháli die Nachricht kurz vor Mitternacht, schaltete mein Handy aus und legte mich schlafen. „Bitte kein neues Finito la Musica!", dachte ich vor dem Einschlafen. „Und wenn doch, möcht ich es heute nicht mehr lesen!"

- Träume sind Schäume.
- Träume prophezeien, was kommen wird.
- Träume verarbeiten panische Gedanken.
- Träume schönen, was ist.

Der Traum dieser Nacht hatte von allem. Er zeigte mir Michális unveränderte Sicht auf die Dinge, ließ mich ihn und mich Arm in Arm über schneebedeckte Wege um mein heimisches Ottermeer schlendern sehen, uns das kleine rote Laptop als sein, mein und auch unser bezeichnen, ihn sich bei mir für seinen unnötigen Vulkanausbruch mit den Worten „You know me! - Du kennst mich!" entschuldigen und uns, uns liebend, streitend und wieder vertragend in die Arme schließen.

Ende gut, alles gut, so, wie ich es mir wünschte.

Als ich am Morgen erwachte, dachte ich „Bevor ich mich echauffiere, mir meinen Tag vermiesen lasse, ist es mir lieber egal! Elisabeth, du hast deine Liebeskummer durchlitten, hast daraus gelernt und dir geschworen, nie wieder durch unerwiderte Liebe zu leiden. Also bitte - keine unnötigen Sentimentalitäten!"

Ich stand auf, ließ mein Handy aus gutem Grund unbeachtet, machte mich ladenfein, genoss meinen ersten Kaffee in der Café-Ecke meiner Buchhandlung und begann mein Tagwerk.

Ich empfand es erneut als großes Geschenk, meinen Lebensunterhalt mit dem verdienen zu dürfen, was ich liebe, was mir ohne jede Anstrengung von der Hand geht. Ich ermahnte mich, mit allem zu rechnen, und erlaubte mir gleichzeitig, vom Besten auszugehen. Ich erinnerte mich an die Zeit nach meiner seelischen Wunderheilung, nach dem Auszug meiner Traurigkeiten und an das gute Gefühl, mich ohne Liebesschwüre Zweiter und Dritter, allein aus mir heraus, gut und geliebt zu fühlen. Ich räumte ein wenig im Laden herum, plauderte mit meinen Kunden, verpackte ihre erworbenen Geschenke und begleitete sie zur Tür, ein wenig den herbstlichen Sonnenschein zu genießen.

Stand mir der Sinn nach einer Pause, erlaubte ich mir einen nächsten und übernächsten Kaffee mit dem Eintippen meiner kreisenden Gedanken in eine eigens dafür angelegte Textdatei.

„Elisabeth, du weißt es doch, du weißt um das Spiel und
das Spektakel der Liebe und um den bei deren unfreiwilliger
Beendigung aufkommen könnenden Liebeskummer und
du weißt, dass alles, was dazu in deinem Kopf an quälenden
Gedanken an die Oberfläche will,
einzig deinem eigenen Denken entspringt!"

Änderst du die Sicht auf die Dinge,
lenkst du dein Denken zum Positiven,
ändert sich dein Fühlen automatisch mit.

War es mir nicht von Anfang an bewusst gewesen, mir in meinem Miteinander mit Micháli treu zu bleiben, mich und meine Mitte um seinetwillen nicht zu verlassen? Hatte ich nicht durchgängig gut auf mich geachtet, seine und meine gemeinsam verbrachten Zeiten als Zusatzgeschenk für mein auch ohne ihn schon erfülltes Dasein zu empfinden? War es mir nicht jeden Moment bewusst gewesen, ein jähes Ende unseres Liebesspieles, unserer Romanze zu erwarten?

War es, war es und war es!

Und darum wollte ich über das mögliche bevorstehende Ende dieser, meiner, seiner, unserer doch ach so schönen deutsch-griechischen Liebesgeschichte auch bitte nicht allzu sehr betrübt sein. Nicht im Nachhall, nicht während der Unsicherheits- und Entscheidungsphase und im Vorhinein schon gar nicht.

Nützen uns der Trübsinn, das Weh- und Achklagen, die Angst vor Verlust, die Trauer über Gewolltes und dennoch Verlorengegangenes doch an keiner Stelle.

Egal, wie mein Vulkan, mein Micháli, sich ab jetzt auch zu mir verhalten mochte, das Geschenk unseres Miteinanders würde mir zeitlebens wertvoll bleiben. Bin ich doch absolut davon überzeugt, dass mir das Schreiben meiner kretischen Reise-Erzählungen ohne ihn als Hauptdarsteller nur halb so viel Freude bereitet hätte, der ganzen Buchreihe ihr roter Faden gefehlt und es der einen oder anderen Episode an Pfeffer.

Mein Lebensglück ist mein Lebensglück
und mein und Michális Miteinander
eines der dazugehörigen Teilstücke.

54.

Am Abend schaltete ich mein Handy wieder ein. „Jo ...!", dachte ich, als ich seine Nachricht las. „NO COMMING!!!" in großen Buchstaben, ohne jeden Schnörkel, ohne jedes weitere Wort. „NO COMMING!!!", einzig mit drei Ausrufezeichen.

War das nun amtlich? War es eine Mitteilung aus dem noch brodelnden Auge des Vulkans? Wollte ich das heute schon ernst nehmen? Fuhr ich besser damit, es vorerst noch als vorläufig zu betrachten? War das die Erfüllung der vorausschauenden Aussage Sibylles, das Eintreten ihrer ungefragt geäußerten Prophezeiung?

Fragestellungen gab es an diesem Abend
in meinem Kopf viele. Antworten - keine.

Gerade noch September, gleich schon Oktober. Die Lieferung meines Erstlingswerkes wurde mir angekündigt. Da war keine Zeit für Trübsal blasen, da lag es an, Raum zu schaffen, Platz für fünftausend Buchexemplare, geliefert in einhundert Umkartons á fünfundzwanzig Kilo. Die Vorfreude darauf überstrahlte all meinen aufkommen wollenden Liebeskummer. Mein Lieblingsgedanke: „Man braucht immer etwas, worauf man sich freut!", bewährte sich wieder einmal ausgezeichnet.

Als der LKW der Spedition Lehnert mit seiner roten Fahrerkabine vor meinem Laden hielt, breitete sich ein überdimensionales Lachen auf meinem Gesicht aus. Ich zückte meinen Fotoapparat, bannte diesen Augenblick, wie alle folgenden, bis zur zehnten abgeladenen und auf meiner Auffahrt abgestellten Europalette auf an die zwanzig Fotos, lud die Fahrerin der wertvollen Fracht auf einen Kaffee ein und machte mich nach

Warrum nicht!
Elisabeth

Bücher · Café
Olga Behrend's

Schönes - Bücher - Café
Olga Behrends
LEHNERT
MAN

ihrer Weiterfahrt an das Aufschlitzen der buchkartonschützenden Folienverpackungen.

Folie entfernt. Halteschnüre gekappt. Die obere Holzabdeckung abgenommen. Die darunterliegende Schutzpappe beiseitegelegt. Den ersten Karton geöffnet, eins der oberen vier Bücher herausgenommen, es auf die Titelseite gedreht und vor lauter Stolz und Freude ein paar Tränen vergossen. Es gibt diese großen Momente in unseren Leben - dies war einer davon!

Als ich Glück beseelt mit dem ersten Warrum nicht! zurück im Bücher-Café am Fenster meiner Buchhandlung saß, sah ich meine Nachbarin Monika mit zwei gefüllten Sektgläsern die Straße überqueren.

„Elisabeth, Madame Katz, lass sehen. - Auf deinen Erfolg!"

In den Arm genommen, angestoßen und „Danke!" gesagt. Das Buch angeschaut, die darin enthaltenen Schwarz-Weiß-Aufnahmen betrachtet, das Titelbild gelobt und das Gesamtwerk für gut befunden. „Hab's als E-Book zwar schon gelesen, doch, ja, ich denke, ich lese es als Druckausgabe nochmal. - Ist wirklich schön geworden!"

Als ich wieder mit mir war, dachte ich:

„Ach Micháli, hätte auch nichts gegen eine Buchreihe
mit richtgem Happy End" und „... lass ma' gut sein!"

Ich schickte gute Gedanken Richtung Kreta, las immer mal wieder auf unterschiedlichen, zufällig aufgeschlagenen Buchseiten meines Warrum nicht! und dachte:

„He, du weißt doch, wie das Leben geht, gar schwarz
auf weiß, mit deinen selbst verfassten Sätzen,
also halte dich dran und bleibe gelassen!"

Natürlich wusste und weiß ich, dass ich in meinem Kopf zu klugen Gedanken neige, besonders, wenn ich sie für andere zur Weitergabe zu Papier bringe.

„Ja verdammt, weiß ich!", gab ich mir zur Antwort.
„Aber ..., immer gelingt es nun mal nicht!" und
„Machte nixe - Schwächen sind erlaubt - auch dir!"

Großzügigkeit mit sich und anderen erleichtert
das Leben ungemein. Du denkst:

„Najaaa - alles halb so schlimm."
„Wer ist schon durchgängig perfekt?"
„Sorge dich lieber später - besser gleich gar nicht,
und nutze die Zeit für die guten Dinge!"

„Finito la Musica!" - „No comming!"

Und als dämlichster unter den drei mir zugeschmissenen Sätzen, der für diese Aussagen als Auslöser genannte Grund: „You've taken my red laptop!" Das glaubt doch keiner! Selbst er nicht! Oder dachte er etwa, dass ich das glauben könnte? Dass ich ihm abnähme, dass das der wahre, auslösende Grund für das Ende unseres so harmonischen Miteinanders sein könne? - Never! - Niemals!

Doch ist es nicht einerlei, worin der Auslöser besteht, was als Grund, als Begründung für das nicht mehr Weiter-führen-Wollen, für das Ende einer Liebesbeziehung angegeben wird?

- Ende bedeutet Ende.
- Ende bedeutet, dass die Eine-Beziehung-nicht-mehr-weiter-führen-wollende-Person das Miteinander nicht mehr möchte.
- Ende bedeutet die erlaubte Frage nach dem Warum, nach dem Grund für den Auslöser des gewollten Endes, ohne den Anspruch auf eine faire, die Seele erleichtern könnende, erklärende, wahrheitsgemäße Antwort.
- Ende bedeutet häufig: „Du bist mir lästig, gleichgültig. Wie es dir damit geht, was du fühlst, ist mir einerlei."
- Ende bedeutet, verrückt werden können, aber nicht müssen.
- Ende bedeutet in erster Linie - Akzeptanz.

Im Grunde ist es auch einerlei, welch ein Gedanke, was uns als Auslöser für das Beenden eines Miteinanders präsentiert wird. Die Folgen sind die Gleichen, das Ergebnis dasselbe. Wir oder sie, die Verlassenen, müssen sich ihr Leben ab sofort ohne die Begleitung des erwählten Partners vorstellen. Wir müssen erkennen, dass all das dort Hineininterpretierte ab sofort jenseits jeder Realität liegt.

Je eher wir damit beginnen,
umso schneller sind wir zurück
in der wunderbaren Welt der Normalität.

55.

Am folgenden Wochenende kam mein Schwesterherz, das Druckwerk zu betrachten. Wir hatten beide intensiv daran gearbeitet. Ich hatte die Geschichte erlebt, mit meinen Worten niedergeschrieben und verfeinert, sie es nach Fertigstellung des Manuskriptes geprüft. Unstimmigkeiten aufgespürt. Ihr Unverständliches oder Unlogisches angemerkt. Zeichensetzung und Rechtschreibung ins Visier genommen und berichtigt. Meine Aufgabe hatte darin bestanden, die Geschichte lesenswert zu schreiben. Ihre darin, Kartenskizzen zu fertigen und mein Geschriebenes nach bestem Wissen und Gewissen fehlerfrei zu verbessern.

„Zeig her!", sagte sie mit ausgestrecktem Arm, dem ich, mit „Here you are!", ihr eins der Bücher reichend, gerne folgte.

Sie betrachtete die Vorder- und die Rückseite. Schlug die Innenklappen auf, sagte, dass sie doch eine wunderbare Erfindung seien und dass sie Büchern, insbesondere Taschenbüchern, eindeutig einen wertigeren Anstrich gäben.

Katharina schlug mein Erstlingswerk auf, schaute auf die erste von ihr zufällig aufgeschlagene Seite, runzelte die Stirn und sprach mit leicht entsetzt klingender Stimme:

„Das gibt's doch nicht! Was meint denn 'hoplahop'?"
„Hoplahop?", fragte ich verwundert zurück.
„Da steht nicht 'hoplahop', da steht 'hopplahopp'!"
„Nee, nee, meine Liebe", sagte sie, „hier steht 'h o p l a h o p'."
„Scheibenkleister, verdammter, lass seh'n!"
„Kapitel 16, erster Absatz, zweite Zeile - 'hoplahop'!"
„Und, was ist daran nun falsch?", fragte ich.

„Elisabeth! Hopp wird mit doppeltem P geschrieben."
„Und nun?" - "Nichts und nun! Nun ist's zu spät!"
„Gut", grinste ich, „dann tragen wir es jetzt als erstes Wort
in die Verbesserungsliste für die zweite Auflage ein, ja?"
„Ja!", sprach sie. „Du alte Optimistin, das machen wir!"
„Okay!", lachte ich, „... und jetzt einen Kaffee?"
„Gerne!" - „Wie immer?" - „Ja, wie immer!"

Katharina meinte, dass sie sich an dieses 'Hoplahop' mit dem dazugehörigen Satz so gar nicht erinnern könne. „Nee", antwortete ich, „kannst du auch nicht, hab ihn der Optik halber nach deiner letzten Korrektur noch hinzudichten müssen. Braucht es doch für den doppelt hoch gedruckten Anfangsbuchstaben zu Beginn eines jeden Kapitels mindestens zwei Zeilen."

„Menno!", sagte sie mit gestrenger Miene und dass ab sofort ohne ihr Okay kein Text mehr außer Haus und nichts mehr in Druck gehen dürfe. „Einverstanden?", fragte sie darauf mit fragendem Blick, was ich mit erhobenen Zeige- und Mittelfinger mit „Einverstanden!" und „Hoch und heilig versprochen!", überzeugend gelobte.

Seither weiß ich, dass ich Hopp, ebenso wie Tipp und Stopp und Mopp, am Ende mit doppeltem P schreiben sollte, dass ich meinem eigenen Rechtschreibgefühl nicht unbedingt trauen und dass ich ohne das Okay meiner großen Schwester tunlichst keines meiner Schriftstücke veröffentlichen sollte!

Irgendwann, ich weilte gerade mit Katharina in Emden bei unserer Tante Gerda zum Sonntagsnachmittagsplausch, tippten meine Finger beim ostfriesischen Tee ungewollt, ungefragt, ja fast wie automatisch eine SMS mit der Frage, wie es denn um seine, Micháli, Entscheidung stehe, in die Tastatur meines Handys.

„MICHÁLI, IT'S SO STUPID. I THINK OF YOU!
LET'S FIND A WAY TO COME TOGETHER AGAIN!"

„Micháli, es ist so dumm. Ich denke an dich!
Lass uns einen Weg suchen, wieder zusammenzufinden!"

Keine Reaktion! - Kein Wort! - Nicht einmal ein böses.

Ein paar Tage vor dem Ende meines liebsten Monats, meinem Geburtsmonat Oktober, schrieb ich ihm, ob es bei seinem „NO COMMING!" bleibe oder ob ich ihn am 2. November doch vom Bremer Flughafen abholen solle.

„NO COMMING!
YOU TAKEN MY RED LAPTOP!
FINITO LA MUSICA!"

Ich musste geradezu schmunzeln, als ich diese zweiundvierzig Buchstaben nun zum x-ten Mal lesen musste, durfte, las. Nicht, dass ich mir diese Antwort gewünscht hätte, nee, nee, eine anderslautende, eine gegenteilige wäre mir bedeutend lieber gewesen. Nun war es jedoch, wie es war, und es für mich an der Zeit, seine Aussagen und deren Folgen als wahrhaftig und unveränderbar anzuerkennen.

56.

Brauchen wir für das endgültige Loslassen eines uns nicht mehr gewogenen, von uns noch geliebten Menschen eine Hilfestellung, eine Brücke, eine Taktik, die uns das Loslassen erleichtern könnte, sollten wir danach suchen.

Loslassen, ja! - Herz herausreißen, nein!

Mein Buch war inzwischen bei den Buchgroßhändlern unseres Landes gelistet. Amazon zeigte es unter den Rubriken Reisen, Griechenland, Kreta, Glück, Lebensmitte und Liebe. Der Verkauf ging langsam an und steigerte sich bis Weihnachten ins Zufriedenstellende. In meinem Laden war es eines der beliebtesten Weihnachtspräsente aller Zeiten. Für Mütter und Väter, für Brüder und Schwestern, für Töchter, Söhne, Freunde und Freundinnen.

„Präsent! - Geschenk!"

Da war er, der Gedanke, die Idee für einen schrittweisen, schmerzlindern könnenden Ausstieg, eines eventuell aufkommen wollenden Liebeskummers. Ein Abschiedsgeschenk an Micháli in Form eines 24teiligen virtuellen Adventskalenders. Ihm zur Freude ... oder auch nicht. Mir zur Linderung, zur Erleichterung beim Loslassen und Abschiednehmen! Ein Abschied in vierundzwanzig Stufen, aufsteigend von eins bis vierundzwanzig, versandt und rückwärts gezählt, von vierundzwanzig nach eins auf null.

Im Laufe der letzten Novembertage durchforstete ich die Fotos seines Deutschlandaufenthaltes vom letzten Winter. Ich wählte die aus meiner Sicht für ihn bedeutungsvollsten aus, brachte sie in die beste Reihenfolge und sandte ihm Tag für Tag eine der Aufnahmen ohne begleitende Worte per Skype, nachdem ich ihm den Adventskalender am letzten Novembertag dort angekündigt hatte.

„MICHÁLI, TO FAREWELL, I WOULD LIKE TO SEND YOU SOME PHOTOS ON SKYPE FROM YOUR STAY IN GERMANY. AS ADVENT CALENDAR. TWENTYFOUR DAYS, EVERY DAY ONE. THE FIRST TOMORROW ON DECEMBER 1st. THE LAST ON HOLY NIGHT. I HOPE YOU WILL BE PLEASED. WISH YOU A GOOD CHRISTMASTIME AND A CONTINUED BEAUTIFUL LIFE. WARM REGARDS - ELISABETH."

„Micháli, zum Abschied möchte ich dir über Skype einige Fotos von deinem Deutschlandaufenthalt senden. Als Adventskalender. An vierundzwanzig Tagen je eines. Das erste morgen, am 1. Dezember. Das letzte am Heiligen Abend. Ich hoffe, dass sie dir Freude machen. Wünsche dir eine gute Weihnachtszeit und ein weiterhin schönes Leben. Herzlichst - Elisabeth."

Auf der einen Seite rechnete ich mit dem Ausbleiben einer jeden Reaktion, auf der anderen kann ich nicht verhehlen, auf das eine oder andere Wort gehofft zu haben. Nicht mit dem Verstand der erwachsenen Elisabeth, doch mit dem der frisch verlassenen noch verliebten, nun verschmähten Geliebten - schon.

Zum Einstimmen sandte ich ihm am ersten Tag ein Foto vom eingeschneiten, im Halbdunkel liegenden beleuchteten Pavillon des Nielsenparks. Am zweiten und dritten seine bzw. meine Rückenansicht von unserem ersten Spaziergang in Hamburg-Ovelgönne. Als viertes sein Mensch-ärgere-dichnicht-Spiel mit Olga. Als fünftes eines vom späten Frühstück mit Weihnachtsstern und Beck's Bierflasche im Café am Hamburger Hafen. Dann im Wechsel je eins von ihm alleine, beim Holzhacken, beim Füllen der Papiertonnen, beim Vorführen griechischer Tanzschritte und am Steuer meines Volvos und eines mit seinen German Begleitern. Mit Burhan beim Kochen, beim Essen und beim anschließenden Genuss eines Jever Pils'. Mit Anne in meiner Küche beim Verzehr seines Stifádos à la Iríni. In Gesellschaft meiner Ladenfrauen beim Kaffee und eines beim Überreichen ihres Abschiedsgeschenks, den selbst gestrickten Socken in Größe 47. Dazwischen drei mit seinem Dauerbegleiter, meinem Kater Anton, und je eins von unseren Ausflügen nach Leer mit dem Besuch des Teekontors, nach Dangast mit dem Verweilen am Kaminfeuer im alten Kurhaus, der Kutterfahrt nach Spiekeroog und dem dortigen Gang am Wassersaum entlang und eines von unserem Besuch der Klosterstätte Ihlow. Als letztes sandte ich ein Weihnachtsfoto mit ihm als schillernden, griechisch-männlich anmutenden Weih-

nachtsengel mit offenem Lockenhaar und silbergrauem Rauschebart. Mich ließ ich bewusst außen vor. Sollte es ihm doch eine Aktion zur Freude sein und mir als Hilfe zum leichteren Loslassen und Abschiednehmen dienen.

Auch wenn auf keines meiner Fotos auch nur ein Wort von ihm folgte, konnte ich bemerken, dass er die Fotos erhalten und angeschaut hatte. Skype und Facebook machten es möglich. Auf Skype konnte ich erkennen, dass Micháli die gesandten Fotos geöffnet, auf seiner Facebookseite, dass er einige von ihnen dort am gleichen Tag öffentlich gepostet hatte. Ich nahm es als Zeichen seines Gefallens, seiner Freude.

Liebesentzogenen, also Menschen, denen ungewollt von ihrem geliebten Gegenüber gekündigt wurde, wie kürzlich in undramatischem Maße mir, neigen gelegentlich dazu, ihre verlorenen Geliebten noch ein wenig am Bande halten zu wollen. Dient es zur schrittweisen Ablösung, zum alsbaldigen Loslösen, mag das hilfreich sein. Entwickelt es sich zur endlosen Geschichte, zur Besessenheit, zur Manie, könnte professionelle Unterstützung Abhilfe schaffen und Befreiung bringen. Je länger wir an alten Bändern, Verbindungen festhalten, umso schwerer scheint mir der Einstieg in ein neues Lebensglück möglich. Sind Energien gebunden, ist der Lebensraum mit Altem gefüllt, kann schwerlich Neues entstehen.

Dazu fällt mir der zugerümpelte Kellerraum ein,
als Symbol für seelisch bindende Altlasten, und der
vollgestellte Dachboden, der kaum Raum für Neues lässt.

Trifft das eine oder andere auf uns zu, empfiehlt es sich, Keller, Dachböden oder was auch immer aufzuräumen, durchzusortieren, zu entrümpeln. Denn auch wenn mir mein ewiges

Auf- und Umräumen nicht all mein seelisches Gewusel hatte aus der Welt schaffen können, kann ich dennoch sagen, dass es mich jedes Mal ein Stück vorangebracht hat. Meine Gedanken wurden klarer. Meine innere Zerrissenheit wandelte sich zur Ausgeglichenheit. Meine Fesseln lösten sich mehr und mehr auf. Mein Schmerz ließ nach. Vergangenes hielt mich weniger gefangen, ließ mich gar gänzlich frei.

Äußeres Räumen räumt innere Räume auf!

Lebensglück kann mannigfache Auslöser und Grundlagen haben. Es einzig auf das Vorhandensein eines gewollten, geliebten, gleichermaßen zurück wollenden, zurück liebenden Menschen zu reduzieren, halte ich für zu klein und zu schmal gedacht. Gibt es doch der Lebensglücksbringer um ein so Vielfaches mehr!

Malen. Schreiben. Häusle bauen. Singen. Kochen. Backen. Gärtnern. Freundschaften pflegen. Fotografieren. Forschen. Ergründen. Hügel erklimmen. Hürden nehmen. Wissen mehren. Wolken deuten. Hilfreich sein. Den Wald aufsaugend oder aus dem Fenster blickend das Glück der Welt erkennen.

Es ist egal, was es ist,
solange es uns erfüllt,
es uns froh macht - ist es gut.
Solange es unser Lebensgefühl
zum Positiven nährt - ist es Glück!

57.

Mit jedem abgesandten Foto und mit jedem Nicht-darauf-Reagieren Michális verkürzte sich das Band des Festhalten-Wollens, des Brauchen-Meinens der verloren gegangenen Zuneigung, der entschwundenen Liebe, des beendeten Miteinanders durch und mit Micháli. Nein, es wurde nicht kürzer, das Band, eher wurde es dünner und dünner und dünner, bis es sich am Heiligen Abend des Jahres 2013 mit dem an ihn gesandten Wunsch für ein glückliches Leben und dem Absenden des letzten Fotos gänzlich aufgelöst zu haben schien.

Ein gutes Gefühl! Ein befreiendes! Eines, von einem gewissen Stolz getragenes! Ein Gefühl, das mir die Sätze: „Jeder ist seines Glückes Schmied!" und „Du bist, was du denkst!" und „Entzogene Liebe lässt mich nicht leiden!" und „Don't put the key to your happiness in the pocket of someone else! - Gib den Schlüssel für dein Glück nicht in die Tasche eines anderen!" wieder ganz vorne in mein Bewusstsein rückten.

„Schön!", dachte ich. „Schön, einfach nur schön!"

Meine Familie reiste an. Meine Tochter und meine Sohnfamilie. Meine Schwester und meine Bruderfamilie, und, wie konnte es auch anders sein, wie seit unserer Trennung in all den Jahren zuvor auch, der Vater und Großvater all meiner Kinder und Enkel.

Alles war gut! Alle waren zufrieden und froh! Alles paletti, auch wenn das Miteinander zwischen Mr. Micháli und mir nicht mehr rettbar gewesen, quasi unrettbar verloren schien.

Der Vater hatte den Weihnachtsbraten im Visier. Der Sohn bereitete das Gemüse. Die Mädels formten mit den Kindern und unter Anleitung des Vaters, Onkels bzw. Großvaters die seiner Familientradition entsprungenen „Gummiklöße". Die Schwester schnitt das Brot, besorgte den Wein und las den Werkelnden vor. Der Bruder und seine Marion feuerten den Kamin an. Ich deckte den Tisch, und Olga verpackte, nach Fertigstellung der Kartoffelklöße, wie in jedem Jahr, unten im Laden die letzten Weihnachtsgeschenke.

„MY DEAR ELISABETH, THANK YOU
FOR THE NICE PICTURES.
HAPPY CHRISTMAS GREETINGS
FOR THE WHOLE FAMILY
AND LOTS OF KISSES FOR YOU! MICHÁLI."

Gegen zehn, nach dem abendlichen Weihnachtsessen, während des Singens des einen und anderen Weihnachtsliedes und unseres ausdauernden, noch andauernden Geschenkeauspackens, ereilte mich nach fast zweimonatiger Funkstille die obige SMS mit einem herzlichen Dank für die schönen Bilder, besten Weihnachtsgrüßen für die ganze Familie und vielen Küssen für mich.

„L O T S O F K I S S E S F O R Y O U !"

Was mochte in diesem Mann vorgehen?

Platz für Notizen

„Schön war's!" - „Ja, schön war's!"
„Wir kommen wieder!" - „Ja, wir kommen wieder!"

Mehr Platz für Notizen

Nikos Kazanzakis:

„Ich erhoffe nichts. Ich fürchte nichts. Ich bin frei.“

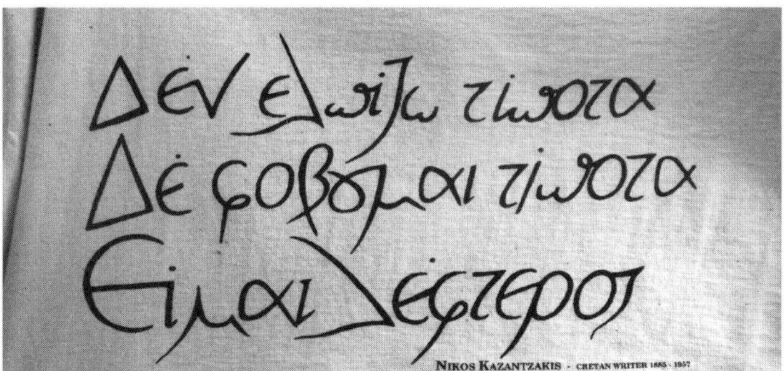

Noch mehr Platz für Notizen

„Ich liebe Zufälle,
in die ich später alles mir Erdenkliche
an Bestimmung hineininterpretieren kann." - Elisabeth Katz

Kreta-Karte Süd-West, Chóra Sfakíon und umzu

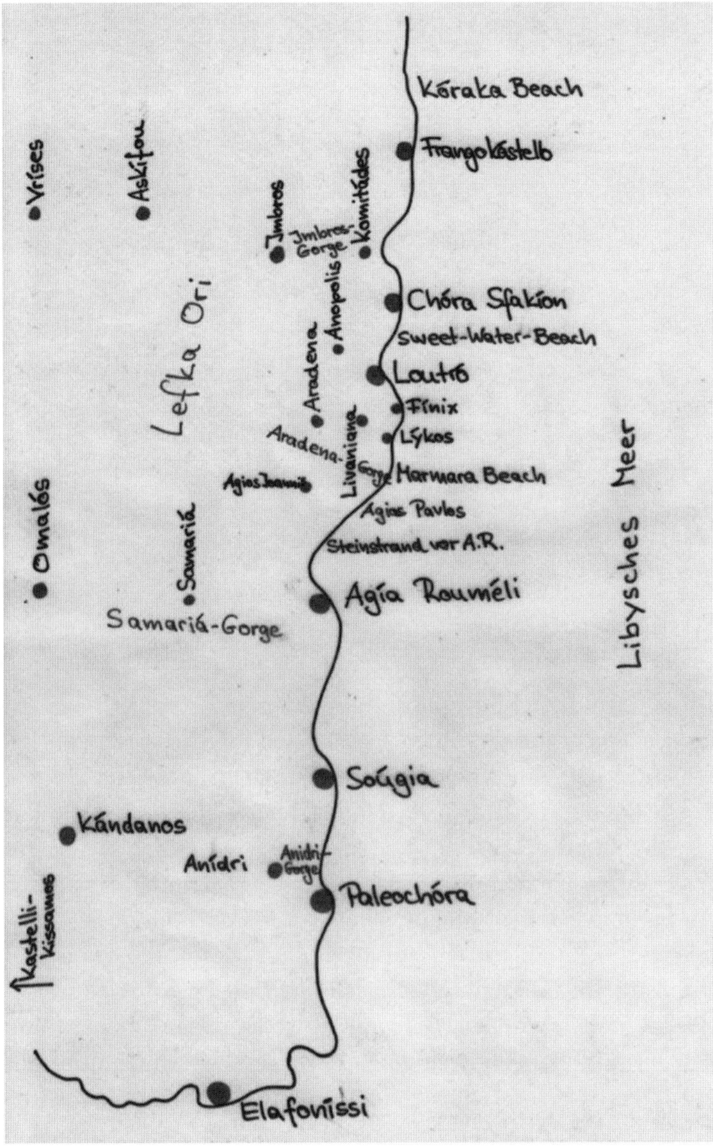
Kóraka Beach
Frangokástelo
Vrises
Askifou
Jmbros
Jmbros-Gorge
Komitádes
Anopolis
Chóra Sfakíon
Sweet-Water-Beach
Loutró
Fínix
Lýkos
Aradena
Aradena-Gorge
Livaniana
Marmara Beach
Ágios Pavlos
Steinstrand vor A.R.
Agía Rouméli
Lefka Ori
Omalós
Samariá
Samariá-Gorge
Libysches Meer
Soúgia
Kándanos
Anídri
Anídri-Gorge
Paleochóra
Kastelli-Kissamos
Elafonissi

Glück und Glas!

Oder: Vom Zauber des Augenblicks.
Von Elisabeth Katz.

Autorenportrait

Elisabeth Katz lebt als selbständige Geschäftsfrau in Ostfriesland. Sie liebt diesen - ihren Laden - seit ihrem vierten Lebensjahr und hält ihn schon immer für ihr persönliches Paradies. Nach dem recht frühen Tod ihrer Eltern übernimmt sie das Geschäft und gestaltet es im Laufe der Zeit mit ihrem Mann nach ihren Vorstellungen. Als ihre beiden Kinder erwachsen sind und in die Welt hinausziehen, tut ihr Ehemann und Familienvater es ihnen gleich. Frei nach dem Motto, das Haus und die Katze behalte ich, lebt sie nun seit vielen Jahren in eigener Regie - unterhält ihre Kunden - schreibt Geschichten und Bücher und verbringt seit geraumer Zeit zwei Monate im Jahr auf Kreta, der Insel ihres Heimatgefühls. Drei Standbeine fürs Glück, wer soll dabei bitte noch umfallen?

UND JETZT FREUE ICH MICH AUF POST!
Kontaktadresse: elisabeth.katz@hotmail.com

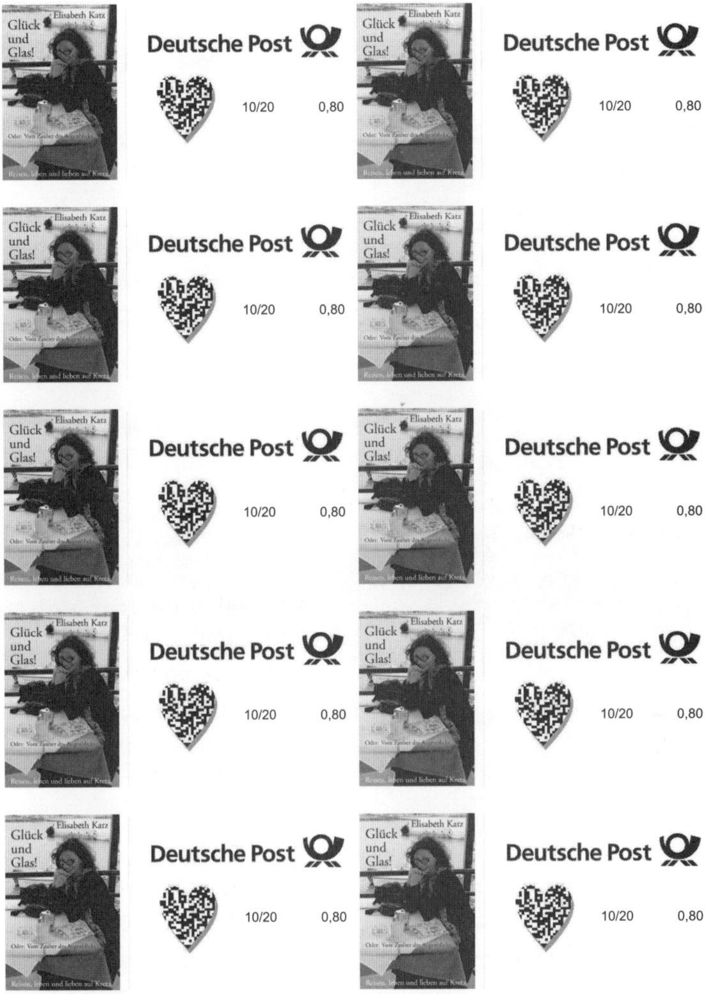

Herzlichst Elisabeth Katz.